HANS LAUBER
Profitipps von Klaus Neidhart

HEIMATKÜCHE
FÜR DIABETIKER UND ALLE GENIESSER

Die Traditionsrezepte – verfeinert und verschlankt

KIRCHHEIM

IMPRESSUM

Bibliografische Information der Deutschen Bibliothek

Die Deutsche Bibliothek verzeichnet diese Publikation in der Deutschen Nationalbibliografie; detaillierte bibliografische Daten sind im Internet über <http://dnb.ddb.de> abrufbar.

ISBN 978-3-87409-591-4

WICHTIGER HINWEIS

Die Gedanken, Methoden und Anregungen stellen die Meinung und Erfahrung des Autors dar. Sie wurden nach bestem Wissen erstellt und mit größtmöglicher Sorgfalt überprüft. Sie bieten jedoch keinesfalls Ersatz für kompetenten medizinischen Rat. Jeder Leser ist für sein Tun und Lassen weiterhin selbst verantwortlich. Daher erfolgen die Angaben in diesem Buch ohne jede Gewähr oder Gewährleistung seitens des Autors oder des Verlages. Weder Autor noch Verlag können für eventuelle Nachteile oder Schäden, die aus den im Buch gegebenen praktischen Hinweisen resultieren, eine Haftung übernehmen.

BILDNACHWEIS

Jürgen Holz, Foodfotografie, www.food-foto-koeln.de: Titel, S. 15, 19, 21, 25, 26, 30–40, 47–55, 58–71, 77, 79–80, 83, 89–93, 103, 105 (links oben) // Hans Lauber: S. 7 (Bild rechts), 11, 29, 94–99, 102, 104, 105 (außer links oben) // fotolia: S. 4, 6, 7 (außer Bild rechts), 9–10, 12–13, 16, 22–23, 43–45, 56–57, 74–75, 78, 84–87, 101 und alle Illustrationen // two4food.de, Bernhard Kölsch: S. 82 // Frank Schuppelius: S. 100

KIRCHHEIM

1. Auflage 2016

Postfach 2524, 55015 Mainz
www.kirchheim-shop.de
Printed in Germany

Hans Lauber musste für sein „süßes" Leben bitter büßen: Mit Anfang 50 hatte er einen manifesten Typ-2-Diabetes. Den hat der frühere Manager seit über zwölf Jahren ohne Medikamente im Griff – ohne dass er asketisch lebt. Sein Rezept: Laufen, laufen, laufen – was ihm unter die Füße kommt. Noch wichtiger: Süßes nur dosiert genießen. Über seine von Ärzten empfohlene Methode schrieb der Beirat der Deutschen Diabetes-Stiftung und der Adipositas Stiftung Deutschland den Bestseller „Schlemmen wie ein Diabetiker".

„Schlemmen" kombiniert Gesundheit und Genuss – ein Ansatz, den der gebürtige Badener auf „Heimatküche für Diabetiker" übertragen hat, mit überraschenden Resultaten: Plötzlich entpuppen sich vertraute Klassiker als wahre Vitalwunder: Der in Gemüsebrühe gegarte Schweinebauch schmeckt großartig und ist auf einmal keine reine Säurebombe mehr. Der Handkäs mit Äppelwoi scheint einer Ernährungs-Broschüre entsprungen zu sein – und sogar die Schwarzwälder Kirschtorte verführt Stevia-gesüßt zur gelegentlichen Sünde.

Wagen Sie mit dem Genussmenschen und Weinfreund eine Reise zu unseren Küchenklassikern – und freuen Sie sich, wie schlank und fit Sie davon zurückkehren.

SCHMECKT GUT, TUT GUT

Heimatküche

Je verwirrender die Welt, desto mehr sehnen sich die Leute nach „Heimat“. Ein Wort, das es so nur im Deutschen gibt. Denn Heimat ist mehr als ein Ort. Sie ist ein Gefühl, ein Symbol für Geborgenheit in hektischer Zeit. Wer seine Heimat liebt, der will sich verankern, sucht einen inneren Ruhepunkt.

VERTRAUTER GESCHMACK IN HEKTISCHER ZEIT

Wie jede Liebe geht auch die Heimatliebe durch den Magen – und so ist es nicht verwunderlich, dass derzeit die traditionellen Gerichte plötzlich in aller Munde sind. Schweinsbraten, Königsberger Klopse, Kässpätzle, Dampfnudeln, sie stehen für Erinnerung, für Schönes. Vor allem aber für vertrauten Geschmack in lauten Zeiten mit ständig wechselnden Essensmoden, gestern mexikanisch, heute indisch, morgen indianisch, übermorgen vegevegatatatarisch.

Viele fürchten aber unsere Tradition, haben Angst vor fetten Braten, schweren Saucen und süßen Fluten. Ganz unberechtigt sind die Sorgen nicht, denn gerade unsere Klassiker werden von Großkantinen, schlechten Köchen, einer profitsüchtigen Nahrungsindustrie gnadenlos degeneriert – als Stichwort sei nur das Leipziger Allerlei genannt, eines der weltweit besten Gemüsegerichte, das weitgehend zum Dosenmatsch verkommen ist.

Also habe ich mich einmal durch unsere Heimatküche gegessen – und geschaut, wie ich sie verfeinern und verschlanken kann. Maßstab waren dabei meine Kochbücher „Schlemmen wie ein Diabetiker“ und „Schönkost“, wo ich mit Köchen, Ärzten und Wissenschaftlern analysiert habe, wie sich Genuss und Gesundheit verbinden lassen. Besonders geholfen hat mir Klaus Neidhart vom „Gottfried“ am Bodensee, der klug unsere Küchentradition mit modernen Kochtechniken verbindet.

Erstaunt und begeistert bin ich, welche kulinarischen und vitalen Potenziale in unseren Klassikern stecken – wenn sie denn mit besten Produkten und großer Liebe zubereitet werden: So können Königsberger Klopse eine großartige Delikatesse sein, scheinen Handkäs mit Musik und Grün Soß aus einem Lehrbuch für ideale Diabetes-Ernährung zu sein. Viele Gerichte habe ich kaum verändert. Linsen, Saitenwürstle, Spätzle etwa sind ein unschlagbares Trio. Manches habe ich „umgebaut“, den Toast Hawaii vom Labberbrot befreit – und mit einer Birne badisch geerdet.

ESSEN, WO'S ECHT IST: 12 GEHEIMTIPPS

Wer aber nicht selbst kochen will? Da habe ich 12 echte Gasthäuser: Im „Adler“ in Rosenberg Bestes aus Schwaben; im „Zu den 3 Steubern“ in Frankfurt Hessisches; im „Café Decker“ in Staufen im Breisgau die Schwarzwälder Kirschtorte. Nur für ein Gericht habe ich nichts gefunden – fürs Leipziger Allerlei, schon gar nicht in Leipzig.

EINE REISE ZU UNSEREN KULINARISCHEN WURZELN

Begleiten Sie mich auf einer Reise zu den Wurzeln unserer Heimatküche – und genießen Sie die Klassiker auf neue Weise. Sei es, wenn Sie dem Diabetes ein Schnippchen schlagen oder erst gar keinen Zucker bekommen wollen. Sei es, wenn Sie sich nach Schlankheit sehnen. Sei es, wenn Sie einfach nur schlemmen wollen.

Ä Güede, einen guten Appetit, wünscht mit badischen Grüßen

INHALT

FEATURES

SCHLEICH DI, SCHNELLER ZUCKER

Auswahlkriterien der Rezepte

Nach sechs Kriterien habe ich die Rezepte für dieses Kochbuch ausgewählt und bearbeitet:

① Dick machende Kohlenhydrate in die Schranken weisen
② Pflanzliche und tierische Eiweiße präferieren
③ Hochwertige fitte Fette integrieren
④ Heilende Kräuter aufnehmen, wie etwa den Zucker-Balancierer Bockshornklee
⑤ Alles möglichst natürlich belassen, also kaum schälen
⑥ Wo´s passt, ein gutes Glas Wein zum Essen

ZAHME KOHLENHYDRATE

Wer vital sein will, wer schlank sein will, wer den Diabetes ohne Medikamente besiegen will, hat eine große Chance: die schnellen Zucker zähmen. Nur wer die Kohlenhydrate im Brot, in den Nudeln, im Reis dosiert und möglichst als Vollkorn genießt, bleibt langfristig fit. Natürlich brauchen wir die Kohlenhydrate als Brennstoff. Aber ich habe bei fast allen Rezepten darauf geachtet, dass die Portionen möglichst klein sind, also sehr geringe Kartoffelmengen, Wildreis statt Normalreis, praktisch keine Nudeln – und selbst bei den Desserts so wenig Zucker wie möglich.

Warum? Weil unser Körper auf die genetisch nicht vorgesehenen Zuckerfluten panisch reagiert. Der Blutzucker schießt hoch, es wird dick machendes Insulin ausgeschüttet. Wiederholt sich dieser Vorgang, droht ein Lifestyle-(Typ-2-)Diabetes, droht Übergewicht. Mein Rat: Opulente Gerichte, wie sie auch in meiner „Heimatküche“ vorkommen, nicht so oft – und vor allem mittags genießen. So wie es Italiener und Franzosen schon immer machen.

POWER-PROTEINE

„Erster“ heißt Protein wörtlich übersetzt – eine richtige Einschätzung. Denn die Eiweiße sind der Urgrund des Lebens. So bestehen Knochen, Muskeln, Haut aus diesem Stoff. Auch die fleißigen Enzyme, die immens wichtigen Hormone, viele Antikörper sind ohne Proteine undenkbar. Selbst der Transport von Vitaminen, Mineralien, von Sauerstoff wäre nicht möglich ohne den roten Blutfarbstoff Hämoglobin, ein Eiweiß.

Bewusst habe ich deshalb Traditionsrezepte ausgewählt, die kleine Protein-Bomben sind, wie etwa der „Handkäs“, der ja fast schon apothekenpflichtig sein müsste. Sicher, es kommt auch viel tierisches Eiweiß in meinen Rezepten vor. Wenn die Tiere natürlich gehalten werden, wenn nicht zu oft Fleisch gegessen wird, wenn auch viele pflanzliche Proteine, etwa Erbsen, konsumiert werden, ist das kein Problem. Außerdem serviere ich gerade zu vielen fleischigen Traditionsgerichten einen großen Salat.

FITTE FETTE

Fett macht fett, heißt es – und ist doch nicht richtig. Natürlich, wer nur fett isst, wird dick. Wir brauchen aber Fette für die Energiegewinnung, als Schutz vor Kälte, zum Lösen von Vitaminen, für die Zellwände – und natürlich als Geschmacksträger! Aber wir brauchen die richtigen Fette, nicht die gefährlichen Transfette aus der industriellen Nahrungsproduktion. Fitte Fette sind vor allem Omega-3-Fette aus Meeresfischen, aber gerne auch aus einem Schweinsbraten von einer freilaufenden Sau. Besonders wichtig sind auch pflanzliche Fette, etwa aus dem Olivenöl, was in vielen meiner Rezepte zu finden ist. Da sind aber auch ganz spannende Öle wie etwa das keltische Leindotteröl und das herrlich schmeckende Walnussöl zu finden.

Spektakulär finde ich die jüngste Revision der amerikanischen Diät-Richtlinien, wo plötzlich die Obergrenzen für den Fettkonsum wegfallen – und wo es heißt, „die Reduktion der Gesamtfettmenge führt zu keiner Reduktion von kardiovaskulären Risiken“. Also nix mit der so gern behaupteten Korrelation zwischen Fettkonsum und Herzinfarkt. Aber als ich vor über 15 Jahren erstmals über Diabetes schrieb, behaupteten „Experten“ auch, dass Zucker nichts mit Diabetes zu tun hat. Heute gelten gerade die Colas als wesentliche Ursache der weltweiten Diabetes-Explosion.

Also, keine Angst vor einem, gerne auch zwei Stich Butter ans Gemüse!

LEBEN LASSEN

Was bei den meisten die rechte Hand ist, ist bei Köchen ein Schälmesser: Kein Apfel, keine Kartoffel, keine Möhre ist sicher vor ihnen. Nur, gerade in den Schalen sitzen die Vitamine, die Mineralien, aber auch die Sekundären Pflanzenstoffe, etwa das Beta-Carotin in den Möhren, aus dem Sehvitamin A synthetisiert wird. Aber auch die Geschmacksstoffe schlummern in den Schalen. Besonders viele der wirksamen Helfer tummeln sich in ökologischer Ware, in Wildpflanzen, die sich selbst gegen Schädlinge wehren müssen – und deshalb diese für uns nützlichen Abwehrstoffe reichlich generieren. So oft es geht, verzichte ich deshalb in meinen Rezepten auf das Schälen. Das sieht nicht so schön aus? Dann betrachten Sie einmal das Foto vom Leipziger Allerlei auf Seite 66.

Wer Körner, aber auch Gewürze keimen lässt, erweckt sie zum Leben. Erst dann sind viele Mineralien auch bioverfügbar, können vom Körper aufgenommen werden. Aus diesem Grund lege ich etwa den Kümmel im Handkäs über Nacht ein. So hat er mehr Kraft, und er schmeckt intensiver! Zum Leben lassen gehört aber auch, dass möglichst sanft gegart wird, dass Gemüse nicht verkocht wird – denn viele Vitamine sind Sensibelchen, die in der Hitze gerne „verduften“. Außerdem bleibt so der Geschmack besser erhalten.

HEILENDE KRÄUTER

Ja, es gibt die „Apotheke der Natur“ – und sie ist näher, als wir denken. So sind allein die sieben Grün Soß-Kräuter ein unschlagbar preiswertes Gesundheitspaket, etwa entschlackender Sauerampfer, chromstrotzende, damit blutzuckersenkende Kresse, entzündungshemmende Pimpinelle. So oft es geht, habe ich deshalb Kräuter in die Rezepte eingebaut, etwa die von Kindheit an geschätzte Petersilie, eine blutreinigende Vitaminbombe. Ganz besonders liegen mir die Wildkräuter am Herzen, die über Jahrhunderte die Basis der Traditionellen Deutschen Medizin TDM bildeten. Etwa die säureabführende und blutbildende Brennnessel, seit altersher auch ein geschätztes Aphrodisiakum – wovon Sie sich mit meinem „Schwarzwald-Viagra“ auf Seite 83 überzeugen können.

Wie gut Heilendes schmecken kann, demonstriere ich regelmäßig im „Krankenhaus Sachsenhausen“ in Frankfurt, wo ich zusammen mit Prof. Dr. med. Kristian Rett einen Diabetes-Garten angepflanzt habe. Dort staunen die Gäste über eine sinnliche Rosen-Minze-Suppe. Ein Rezept aus meinem „Garten-Buch“, wo ich 50 Pflanzen vorstelle, die den Zucker zähmen, etwa den Schlankmacher Topinambur.

Brennnessel

Kresse

Petersilie

Pimpinelle

Sauerampfer

GEISTIGE GETRÄNKE

Die Franzosen trinken gerne Rotwein – und haben trotzdem weniger Herzinfarkte als die Deutschen, was Wissenschaftler „French paradox" nennen. So paradox ist das aber gar nicht, denn das Resveratrol im Wein hat eine herzschützende Wirkung und moderater Weinkonsum kann möglicherweise vor Arterienverkalkung schützen. Aber nicht nur das: „Offenbar verstärken alkoholische Getränke die Insulinwirkung, wobei der Wein am günstigsten zu sein scheint", schreibt Prof. Kristian Rett in meinem Buch „Zucker zähmen". Viel hilft hier allerdings nicht viel, sondern es geht um den moderaten Genuss, den der renommierte Diabetologe für Frauen bei einem „Viertele" und für Männer bei einer etwas größeren Menge sieht.

PASSEN PERFEKT ZUM ESSEN: TROCKENE DÖRFLINGER WEINE

Gute Argumente also, bei einigen Gerichten auch passende Tropfen zu empfehlen. Ideal sind dafür die Weine von Hermann Dörflinger im badischen Müllheim, wo seit über 100 Jahren ausschließlich trockene Weine erzeugt werden. Lassen Sie sich vom spritzigen Gutedel zum Tafelspitz und vom eleganten Grauburgunder zum Leipziger Allerlei begeistern. Spannend auch der Wein zu Linsen und Saitenwürstle: Ein spontan vergorener, leicht oranger Wein mit wenig Schwefel. Weine sind das, wie die Natur sie schafft. Wobei es nur wenige Winzer schaffen, einen guten „Vin naturel" zu erzeugen. Die „2 Naturkinder" aus Kitzingen schaffen es – und sie haben ihren Silvaner auch noch passend zum Buchtitel getauft: „Heimat".

KENNT DIE WELT, KOCHT DIE HEIMAT

Klaus Neidhart

Vor über 12 Jahren rief mich ein Koch an: „Ich heiße Klaus Neidhart, habe ‚Fit wie ein Diabetiker' gelesen. Zwar habe ich keinen Diabetes, aber die Verbindung aus Gesundheit und Genuss in dem Buch gefällt mir – ich lade Sie an den Bodensee ein". Gerne folgte ich der Einladung – und es folgte eine wunderbare Freundschaft. Unzählige Male habe ich im „Gottfried" in Moos am Untersee gegessen, meistens Fisch und Gemüse, weil es beides selten so frisch und so gut gibt. „Der Klaus hat immer Fisch", sagen anerkennend seine Köchekollegen, und das Gemüse stammt von der Halbinsel Höri, wo das Gasthaus liegt.

Aber nicht nur gegessen habe ich in dem Familienhotel. Wir haben auch vieles gemeinsam gemacht – etwa das legendäre, restlos ausgebuchte „Kaviar-Festival" mit Rogen von Bodenseefischen. Der heute 65-Jährige hat mir auch schon bei meinem Kochbuch „Schönkost" geholfen, meine Ideen in nachkochbare Rezepte zu verwandeln. Das funktioniert, weil er einen ähnlichen Kochansatz wie ich hat: Er will Frisches so schonend zubereiten, dass Geschmack und Vitalkraft möglichst unverfälscht erhalten bleiben, weshalb er mit niedrigen Temperaturen arbeitet, gerne dämpft und dünstet.

Kocht die Leichtigkeit des Seins: Klaus Neidhart

Gelernt hat er sein Handwerk in ersten Häusern, er ist aber auch viel in der Welt herumgekommen. So kochte er für eine wochenlange Expedition in Afrika, kennt sich seitdem glänzend mit Gewürzen aus – und wer will, kann bei ihm großartig auch die asiatische Küche genießen. Inzwischen hat er eine große Schar glücklicher Gäste, die er seit Jahrzehnten im „Gottfried" bekocht, das er zusammen mit seiner Frau Gerlinde führt.

LÄSST SOGAR EINEN ESSENSKRITIKER JUBELN: LEIPZIGER ALLERLEI

Viele haben bei ihm ihr Handwerk bestens gelernt, etwa Markus Gruler, der in der „Seehalde" in Birnau auf höchstem Niveau kocht. Mir wäre es ohne die Neidhartsche Erfahrung nicht möglich gewesen, die „Heimatküche" zu schreiben. Denn er wusste bei jedem Rezept sofort einen Weg, alles leichter zu machen. Etwa beim Gaisburger Marsch statt Spätzle und Hechtklösschen gleich Hechtspätzle zu pressen – schon waren wieder Kohlenhydrate gespart. Oder seine Empfehlung mit dem Brennnesselpüree zum Zwiebelrostbraten, schon lassen sich die Purine des Bratens wunderbar durch die säureabführende Wildpflanze puffern. Aber sein Glanzstück ist das „Leipziger Allerlei", das sogar einen verwöhnten Essenstester zu wahren Begeisterungsstürmen veranlasste.

„Gottfried", Böhringer Straße 1, 78345 Moos, 077 32/92 420

Mittwoch bis Freitag Mittag ist zu. Sonst mittags und abends offen. www.hotel-gottfried.de

Danke, Klaus, für Geduld und Inspiration! Danke aber auch der wunderbaren Gerlinde und dem Team, allen voran dem hochtalentierten Koch Christian Dierich und dem souveränen Florian Repnik im Service, dass der manchmal plötzlich auftauchende Lauber immer auf offene Ohren stieß. Selbst am 65. Geburtstag, wo zwischen gratulierenden Kollegen, einem vollen Gasthaus, auch noch die wichtigsten Gerichte für die „Heimatküche" zubereitet wurden. Chapeau!

Alle Rezepte sind für 4 Genießer

SCHWEINEFLEISCH: SAUGUT

Schweinefleisch bildet die bodenständige Basis unserer Traditionsküche. Das liegt auch daran, dass früher nicht nur Landwirte, sondern auch viele Menschen zu Hause ein Schwein hielten – und es war immer ein großer Festtag, wenn geschlachtet wurde. Wie beliebt Schweinernes war und ist, zeigt sich vor allem an der Haxe, für die es angefangen vom Eisbein über Haspel bis zu Hämmchen und Knöchle praktisch in jeder Region einen eigenen Namen und eine liebevoll gepflegte Zubereitung gibt. Aber auch für die Würste im Wurstparadies Deutschland bildet Schweinefleisch die wichtigste Zutat.

Schweinefleisch ist aber auch deshalb so beliebt, weil es teilweise schamlos billig ist, etwa 1 Kilo Eisbein für unter 3 Euro. Solche Preise sind allein durch eine gnadenlose Massenproduktion möglich. Das verseucht nicht nur langfristig die Umwelt, verachtet das Tierwohl – es ist auch dem Geschmack abträglich. Denn schnelle Mast und gute Qualität schließen sich aus. Die Turboschweine können aber auch kaum die so herzgesunden Omega-3-Fette aufbauen, wie etwa mit viel Auslauf oder gar im Freien aufwachsende Tiere.

BESONDERS WOHLSCHMECKEND: ALTE RASSEN

Wenn Sie auch endlich einmal wirklich Schwein haben wollen, dann probieren Sie etwa das Schwäbisch-Hällische. Das ist eine alte, wiederentdeckte Rasse, die vernünftig gehalten, hochwertiges und schmackhaftes Fleisch erzeugt. Wenn Sie solche Stücke finden, werden Sie an den folgenden Rezepten noch mehr Freude haben – und sich wundern, welche kulinarischen Welten in der Sau stecken. Ganz besonders ans Herz legen möchte ich Ihnen das Rezept mit dem geschmacksstarken Schweinebauch, den ich in Gemüsebrühe gare – und mit schlankmachendem Topinambur serviere. Ein Gedicht!

Mein persönlicher Tipp: Schauen Sie sich in den „Hermannsdorfer Landwerkstätten" in Glonn bei München an, wie richtig gutes Schweinefleisch erzeugt wird – und schauen Sie den freilaufenden Säuen bei ihrem munteren Treiben zu. Quicklebendig flitzen diese Säue über die Wiese, absolut sauber sind diese Tiere – und strafen das Wort „Drecksau" Lügen.

Also lautet die Einkaufsregel: Geht's der Sau gut, geht's dem Fleisch gut, geht's dem Esser gut. Isst der dann nicht zu oft Schweinernes, dann wird alles gut.

HIMMEL DER DEUTSCHEN

Schweinsbraten, Knödel von rohen Kartoffeln, Krautsalat
Von Klaus Neidhart

SCHWEINSBRATEN

Schweinerücken oder Schulter mit Schwarte	1 kg
Kümmel, ganz	1 TL
mittelscharfer Senf	1 EL
Salz, Pfeffer	

SAUCE

Zwiebel	1
Knoblauchzehen	2
Lauch	1
Karotten	2
Tomatenmark	1 EL
Dunkelbier	½ l
Majoran	

KNÖDEL

mehlige Kartoffeln	500 g
Ei	1
Salz, Pfeffer	

KRAUTSALAT

Weißkraut oder Spitzkohl	400 g
Schweinsbratensud	½ Tasse
Speck	50 g
Zwiebel	1
gemahlener Kümmel	1 TL
Apfelessig, Sonnenblumenöl, Salz, Pfeffer	

ZUBEREITUNG

Fleisch: Die Schwarte rautenförmig einschneiden. Den Braten salzen, pfeffern, kümmeln und mit dem Senf einreiben. In eine Kasserolle mit der Schwarte nach unten legen und mit Wasser so füllen, dass die Schwarte bedeckt ist. Den Ofen auf 150 Grad heizen und das Fleisch ohne Deckel eine runde halbe Stunde pochieren. Den Braten herausholen. Von der Kochbrühe das Schweinefett abtrennen. In der Kasserolle nun mit dem aufgefangenen Schweinefett die gewürfelten Gemüse andünsten, das Tomatenmark dazu und ebenfalls anrösten, damit sich die Säure verflüchtigt. Den Braten mit der Schwarte nach oben auf ein Gitter über die Kasserolle legen, mit dem Dunkelbier und der abgetrennten Kochbrühe übergießen und bei 200 Grad rund eine halbe Stunde garen lassen. Immer wieder mit dem Sud aus der Kasserolle übergießen. Wem der Biersud zu intensiv wird, gießt ein wenig Wasser nach.

Das Gemüse und den Bratensaft zusammen in einem Pfännchen einköcheln. Den Braten bei rund 220 Grad mit Oberhitze rund eine weitere halbe Stunde fertig grillen, bis die Schwarte anfängt, kleine Bläschen zu werfen. Die Schwarte muss knusprig wie ein Kartoffelchip werden, und der Braten muss gleichzeitig saftig bleiben. Das eingekochte Gemüse durch eine Flotte Lotte in die Soße passieren, frischen Majoran zugeben, noch einmal reduzieren. Wem die Sauce immer noch zu dünn ist, rührt Mondamin mit Bier an und gibt es dazu.

Knödel: Die geschälten Kartoffeln fein reiben und FEST ausdrücken. Salzen, pfeffern, das aufgeschlagene Ei untermengen und vier Knödel formen. Die Knödel in knapp siedendes Salzwasser geben – und warten, bis sie hochsteigen, was erfahrungsgemäß rund 10 Minuten dauert. Falls die Knödel nicht gleich optimal gelingen, dann trösten Sie sich mit Klaus Neidhart: „Der rohe Knödel ist immer der schwierigste".

Profitipp: Die Kartoffelschalen mit dem Kartoffelwasser kurz aufkochen, mit frischem Majoran würzen. Das gibt ein wohlschmeckendes basisches Getränk, was wunderbar die Säuren des Fleisches gegenbalanciert.

Krautsalat: Das Kraut fein hobeln. Den Speck auslassen. In dem Fett die fein geschnittene Zwiebel dünsten und zusammen mit dem Schweinesud heiß übers Kraut geben. Vermengen. Mit dem Kümmel würzen, mit Essig, Öl, Salz und Pfeffer abschmecken und noch einmal vermengen.

Anrichten: Den Braten in fingerdicke Scheiben schneiden, mit der Soße übergießen, die Knödel dazu legen und den Krautsalat separat servieren.

Getränk: Dazu passt perfekt ein „Edelstoff" von der Münchner Kultbrauerei Augustiner oder ein Helles vom „Brauhaus Tegernsee".

WIE'S GUT TUT

Ein deftiges Gericht ist der Schweinsbraten, sicher. Aber der Kümmel macht alles besser verdaulich, und der Krautsalat bildet ein basisches Gegengewicht. Außerdem sorgt der rohe Kartoffelknödel dafür, dass der Blutzucker nicht zu schnell in die Höhe getrieben wird. Auch strotzt das Fleisch vor herzschützenden Omega-3-Fetten.

Bayerische Dreifaltigkeit: Schweinsbraten, Knödel, Helles

Drei Gerichte werden den Deutschen gerne zugeschrieben: Schweinsbraten, Casseler, Eisbein. Viele schämen sich dafür. Dazu besteht kein Anlass: Werden diese Rezepte richtig zubereitet, sind es kulinarische Delikatessen, die sich hinter ausländischen Gerichten nicht verstecken müssen. Etwas ganz Besonderes ist der Schweinsbraten, Inbegriff deutscher Küche. Am Besten schmeckt er mit Fleisch von artgerecht gehaltenen Schweinen von einer alten Rasse wie den Schwäbisch-Hällischen.

Auch so ein Gericht, das überall auf den Speisekarten steht. Das liegt auch daran, dass es relativ leicht zuzubereiten ist, durch das Räuchern würzig schmeckt. Klassisch wird es mit Sauerkraut serviert, das Kraut der Deutschen, ob wir wollen oder nicht. Als „Krauts" werden wir gerne gehänselt. Aber das sollte uns nicht stören, vielmehr sollten wir stolz darauf sein, denn das milchsäurevergorene Weißkraut zählt zu den gesündesten Gemüsen der Welt. Statt dem üblichen Kartoffelpüree servieren wir dazu Stampfkartoffeln, deren glykämischer Index etwas niedriger ist, hoffe ich zumindest. Wohl auf den Berliner Fleischermeister Cassel geht der geräucherte Schweinsrücken zurück, weshalb ich das Gericht mit „C" schreibe.

PROUD TO BE A KRAUT

Casseler, Sauerkraut, Stampfkartoffeln
Von Klaus Neidhart

CASSELER

Schweinerücken, das Karree; gepökelt und geräuchert	800 g
Lorbeerblätter	2
Zwiebel, grob geschnitten	1
Karotten, grob gewürfelt	2
Lauch, in Streifen geschnitten	1
Pfefferkörner, schwarz	5

SAUERKRAUT

Sauerkraut	1 Pfund
Schweineschmalz oder Olivenöl	50 g
Schalotte	1
Weißwein	2 dl
Lorbeerblätter	2
Kümmel	1 TL
Pfefferkörner	10
Pimentkörner	3
Nelken	2
Wacholderkörner	5
Sonnenblumenöl	2 EL

STAMPFKARTOFFELN

mehlige Kartoffeln	400 g
Milch	⅛ l
Sahne	⅛ l
Butter	1 Stich
Muskat, Salz, Pfeffer	

ZUBEREITUNG

Den Ofen auf 170 Grad erhitzen. Lorbeerblätter, Zwiebel, Karotten, Lauch und Pfefferkörner in Sonnenblumenöl andünsten. Das Fleisch dazu geben und bei 170 Grad rund 15 Minuten garen. Dann die Hitze auf 120 Grad reduzieren und eine weitere halbe Stunde ziehen lassen bis es innen eine Kerntemperatur zwischen 60 und 70 Grad hat. Schon ist das Cassler fertig.

Alternative: Im Fränkischen und im Badischen wird die Schweineschulter gepökelt und geräuchert – und das Gericht heißt dann Schäufele oder in meiner Markgräfler Heimat Schüfele. Das gibt es auch in Alufolie eingeschweißt, etwa von der Schwarzwald-Metzgerei Kalbacher. Das Fleisch muss dann nur noch bei rund 80 Grad im Wasserbad eine knappe Stunde ziehen, was den Vorteil hat, dass es praktisch immer gelingt. Zum Schüfele ist Kartoffelsalat die Pflichtbeilage.

Sauerkraut: Die Schalotte fein würfeln und im Schweineschmalz (oder in Olivenöl) glasig dünsten. Das Kraut und die Lorbeerblätter dazu, mehrfach wenden – ohne dass sich Röstaromen bilden. Die Gewürze andrücken, in einen Gewürzbeutel geben und mitziehen lassen. Mit Weißwein ablöschen und rund eine halbe Stunde köcheln lassen, sodass das Kraut saftig bleibt. Den Gewürzbeutel entfernen und servieren.

Stampfkartoffeln: Die geschälten Kartoffeln in wenig Wasser halbgar kochen und grob zerstampfen. Dann mit der Milch, der Sahne und der Butter cremig rühren und mit Muskat, Salz und Pfeffer abschmecken. Der Trick: Bei dieser Zubereitung brechen nicht alle Zellwände der Kartoffeln auf. So wird nicht die gesamte Stärke freigesetzt.

WIE'S GUT TUT

Mit Casseler lässt sich Schweinfleisch fettarm genießen. Sauerkraut ist ein Resorptionsverzögerer, was heißt, dass es den Übergang der Kohlenhydrate (etwa vom Stampf) ins Blut verzögert, was sich günstig auf den Blutzucker auswirkt. Aber nicht nur das: Sauerkraut ist auch ein unglaublich wertvolles Lebensmittel, das etwa das seltene Vitamin B-12 enthält und eine Menge probiotisch wirksamer Mikroorganismen, welche die Darmflora regenerieren. Wobei dieser Effekt am stärksten ist, wenn das Kraut roh verzehrt wird, was mit einem geriebenen Apfel sehr gut schmeckt.

POTENZ-PAKET

Eisbein, Erbsenpüree, Endiviensalat

EISBEIN

gepökelte Schweinshaxe mit Schwarte, möglichst die hintere Haxe	1 kg
Zwiebel	1
Nelken	2
Lorbeerblätter	2
Pimentkörner	3
mittelscharfer Senf	4 EL

ERBSENPÜREE

getrocknete gelbe Erbsen	300 g
Sahne	¼ l
Haxenbrühe	½ Tasse
Paprika	1 Msp.
Salz, Pfeffer	
Balsamico	1 TL

ENDIVIENSALAT

Endiviensalat	1 kleiner oder ½
Knoblauchzehen, feingehackt	3
Blattpetersilie, fein geschnitten	1 kl. Bund
Zitronensaft	1 TL
weißer Balsamico	1 EL
scharfer Senf	1 TL
Olivenöl	3 EL
frischer Meerrettich	1 Reibeschub
frische Walnusskerne, klein gehackt	2 EL

ZUBEREITUNG

Die Haxe in einer Kasserolle ganz mit Salzwasser bedecken. Die geschälte Zwiebel, Nelken, Lorbeerblätter zugeben und rund zweieinhalb Stunden simmern lassen, also immer knapp unter dem Siedepunkt.

= **Erbsenpüree:** Die Erbsen einen Tag in Quellwasser einweichen. Das Einweichwasser abgießen, aufkochen und die Erbsen darin al dente kochen. Anschließend pürieren, mit Sahne, Salz, Pfeffer, dem Paprika würzen und mit Balsamico abschmecken.

= **Alternative:** Tiefgefrorene (keine Dosenware!) grüne Erbsen in wenig Haxenbrühe dünsten und mit frischem Majoran würzen – ein Gedicht!

= **Endiviensalat:** Den gehackten Knoblauch, die fein geschnittene Petersilie in eine Marinade geben aus: Zitronensaft, Balsamico, dem vollständig verrührten Senf. Nun erst das Olivenöl zugeben sowie die klein gehackten Walnüsse. Den Salat waschen, in breite Streifen schneiden, mit der Marinade vermengen. Zum Schluss frischen Meerrettich darüber reiben.

= **Profitipp:** Wer zur Haxe Sauerkraut oder Kartoffelsalat reicht, nehme dazu unbedingt von der Haxenbrühe.

= **Anrichten:** Die Haxe in dicke Scheiben schneiden und auf die Teller mit ein wenig Brühe verteilen. Erbsen dazugeben – und auf jeden Teller einen Esslöffel Senf. Den Salat in separaten Schälchen reichen.

= **Getränk:** Erfunden wurde das Gericht wohl, um endlich eine gute Begründung für ein paar ordentliche Gläser Pils zu haben.

WIE'S GUT TUT

Der Senf ist ideal für die Verdauung der fetten Haxe. In den Erbsen stecken viele Vitamine, etwa das Sehvitamin A und hormonbildendes Vitamin C. Außerdem schlummert in den Kügelchen auch die potenzfördernde Aminosäure Arginin. Die Haxe lockt mit spermienbildendem Zink – und natürlich jeder Menge potenten Proteinen. Der Salat, zu Beginn der Mahlzeit gegessen, bremst den übermäßigen Appetit, schließlich schmeckt die Haxe auch am nächsten Tag noch gut. Der Knoblauch im Salat hilft der Verdauung auf die Sprünge – und im Mittelalter empfahl ausgerechnet die Klosterheilkunde die scharfe Knolle als Aphrodisiakum – wobei es sich empfiehlt, dass beide Liebespartner das Zwiebelgewächs genießen.

Fleischeslust der deftigen Art

Für kaum ein Gericht existieren so viele Namen wie für die Haxen vom Schwein, das stark durchwachsene, fettreiche Fleisch zwischen dem Kniegelenk und den Schweinsfüßen: Eisbein in Berlin, Haxe im Bayerischen, Haspel bei den Hessen, Hämmchen in Köln, Knöchle in Franken, Stelze in Österreich und Gnagi bei den Eidgenossen. Der Name Eisbein kommt wohl daher, dass früher aus den Schienbeinen die Schlittschuhkufen gefertigt wurden. Weil ich lange in Berlin gelebt habe, gibt es hier die hauptstädtische, gekochte (im Süddeutschen wird es gerne im Ofen gebraten oder gegrillt) Variante mit Erbsenpüree – und statt dem üblichen Sauerkraut einen Endiviensalat. Ein ideales Wintergericht, das auch der Potenz auf die Sprünge hilft.

SIXPACK DER SAU

Schweinebauch in Gemüsebrühe, Topinamburgemüse

SCHWEINEBAUCH

Schweinebauch	800 g
Gemüsebrühe (Rezept auf Seite 64)	½ l
Knoblauchzehen, in Scheiben geschnitten	3
Ingwer, geschnitten	20 g
Korianderkörner	1 TL
Bio-Zitrone, davon den Abrieb	1
schwarzer Pfeffer	1 TL
frisches Sauerkraut	100 g
Sauerkrautsaft	1 Tasse
Weißwein	1 Schuss
Cassis	1 Schuss
Salz, Pfeffer, Olivenöl zum Anbraten	

TOPINAMBUR

Topinambur, möglichst Bio	400 g
Gemüsebrühe	½ Tasse
Petersilie	1 kl. Bund
Walnusskerne	5 EL
Walnussöl	1 EL
Olivenöl zum Dünsten	1 Schuss
Salz, Pfeffer	

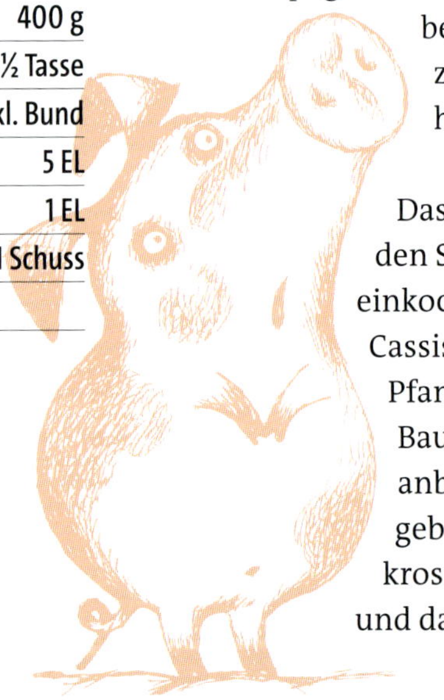

ZUBEREITUNG

Den Bauch in acht gleichmäßige Würfel schneiden, die Fettseite jeweils rautenförmig einritzen und alles salzen, pfeffern. Die Fettseite in einer Pfanne mit wenig Öl kross anbraten. In einem Topf das Sauerkraut mit wenig Öl stark anbraten, bis es Farbe annimmt, ohne schwarz zu werden! Häufig wenden, es geht darum, möglichst viele Röstaromen zu bekommen. Mit Sauerkrautsaft ablöschen und noch einmal aufkochen. Das Kraut auswringen und den aufgefangenen Saft zusammen mit der Gemüsebrühe, dem Knoblauch, dem Ingwer, dem Koriander, dem Zitronenabrieb und dem Pfeffer in einen großen Topf geben. In diesem Sud das Fleisch bei milder Temperatur rund zwei Stunden lang gar ziehen lassen. Nicht kochen!

Das Fleisch herausnehmen, den Sud auf rund die Hälfte einkochen, mit Weißwein und Cassis verfeinern. In einer Pfanne die Fettseite der Bauchstücke ein zweites Mal anbraten und in den Sud geben – aber so, dass nun die krosse Fettseite herausschaut und das Fleisch sanft erwärmen.

= Topinambur: Die Topinamburen müssen frisch und knackig sein. Dann werden sie nur kräftig gebürstet, müssen nicht geschält werden – und behalten so ihre Vitalstoffe. Nun in feine Scheiben schneiden und sanft in Olivenöl (nicht in Walnussöl!) andünsten, anschließend mit Gemüsebrühe ablöschen und in rund 10 Minuten fertig köcheln. Die Walnusskerne fein hacken, dazu geben. Zum Schluss das Walnussöl übergießen und mit geschnittener Petersilie bestreuen.

Leicht nussig schmeckt Topinambur. Die Walnüsse und das Walnussöl verstärken diesen Geschmack. Ausgezeichnet dazu: Feldsalat, der sich ebenfalls mit Walnüssen und Walnussöl anmachen lässt.

WIE'S GUT TUT

Schweinefleisch übersäuert den Körper tendenziell, was diabetesfördernde Entzündungen auslösen kann. Durch das Kochen in basischer Gemüsebrühe versuche ich, diese Übersäuerung abzumildern. Außerdem hilft der antibiotische Ingwer Entzündungen einzudämmen. Ich versuche also Lebensmittel so zu kombinieren, dass sie sich gegenseitig optimieren. Das gilt auch für den Topinambur, der das mehrkettige Kohlenhydrat Inulin (nicht Insulin!) enthält, was nicht so schnell ins Blut schießt – und so helfen kann, die gefürchteten Blutzuckerspitzen nach dem Essen abzumildern, was auch der schlanken Linie frommt.

Viele Spitzenköche lieben den Schweinebauch. Vor allem Stücke von alten Rassen wie Bunte Bentheimer, die auch im Freien herumtollen, sich natürlich ernähren – und kein wabbliges, sondern fit-fettreiches und geschmacksstarkes Fleisch erzeugen. Diese durchtrainierten Schweine entwickeln so etwas wie Sixpacks. Hier koche ich den Bauch ungewohnt, nämlich in Gemüsebrühe. Inspiriert hat mich für dieses Rezept der visionäre Bio-Koch Simon Tress.

RESTAURANT-TESTER

Wurstsalat auf Schweizer Art

Grüezi Wurstsalat: Emmentaler

Wer die Qualität eines Gasthauses testen will, bestelle einen Wurstsalat. Gelingt der, gelingt meist auch der Rest. Ich liebe jedenfalls Wurstsalat und in unserer Familie hatte und hat er den Rang eines Leibgerichts. Da wir nahe der Schweizer Grenze wohnen, eine hohe Affinität zu diesem schönen Land haben, genießen wir den Salat gerne auf die Schweizer Art mit würzigem Emmentaler Käse.

WURSTSALAT

Lyoner-Fleischwurst, kann auch leicht geräuchert sein	300 g
Emmentaler	100 g
Rote Zwiebel	1
Weißweinessig	3 EL
Sonnenblumenöl	1 EL
Löwensenf	1 TL
Steinsalz, schwarzer Pfeffer	
Schnittlauch	
Tomate	1

ZUBEREITUNG

Die Wurst in dünne Scheiben und dann in Streifen schneiden – damit sich eine große Oberfläche bildet, welche die Vinaigrette aufnehmen kann. Den Schweizer Käse ebenso schneiden. Die Vinaigrette wird gerührt aus der in feine Scheiben geschnittenen, dann gewürfelten Zwiebel, dem Essig, dem Salz, Pfeffer und erst dann dem Öl. Über die Wurst geben, kurz ziehen lassen, den geschnittenen Schnittlauch darüber geben, noch einmal mengen – und kurz durchziehen lassen. Mit der in Scheiben geschnittenen Tomate garnieren und bald servieren.

Wer selbst eingelegte, also nicht so süße Gurken hat, kann statt dem Essig auch die Gurkenbrühe nehmen – und noch mit Gurkenscheiben garnieren.

WIE'S GUT TUT

Er tut gut, weil er schmeckt!

Alle Rezepte sind für 4 Genießer

RINDFLEISCH: MUHMMH

Wer die Liste mit den Traditionsrezepten liest, muss glauben, im deutschen Sprachraum wurde früher vor allem Fleisch gegessen. Das ist überhaupt nicht so. Fleisch gab es für die breite Bevölkerung nur ganz selten – oft allein an Sonntagen, sehr oft zu Festtagen. Oft gab es auch Fleisch lediglich für die Männer. Ja, das stimmt, ich habe es persönlich noch erlebt. Denn Fleisch war teuer, und es war immer etwas Besonderes, wenn ein Schwein geschlachtet wurde, das war dann ein Fest für das ganze Dorf.

Weil ein richtig fetter Braten aber so etwas Rares war, haben sich diese Gerichte tief ins kulinarische Gedächtnis eingegraben – wird vom Schweinsbraten, von der Haxe, vom Rostbraten, vom Sauerbraten, vom Pichelsteiner Topf bis heute mit verklärtem Gesicht gesprochen. Auch wenn „dank" der Massentierhaltung inzwischen Fleisch fast billiger als Gemüse geworden ist.

GEHÖREN GEGESSEN: INNEREIEN

Wurde früher ein Schwein, eine Kuh geschlachtet, wurde auch alles davon verwertet. Es gab nicht diese unsinnige Aufteilung in edle und weniger edle Teile. Ganz selbstverständlich wurden auch die Innereien gegessen – eine Tradition, die es bis heute in der Breite vor allem in Bayern und Baden-Württemberg gibt. Auch ich habe früher fast alles von einer Kuh gerne gegessen, erinnere mich mit Freude an Zunge, an Ochsenschwanz, an Ochsenmaulsalat – ja, und auch an Kutteln.

Früher war es der Not geschuldet, alles zu verwerten. Das muss wiederkommen. Denn aus einem „Muh" wird nur ein „Mmh", wenn die Kuh geschlachtet wird – und dann gehört auch alles verzehrt, das gebietet schon der Respekt vor der Kreatur. Probieren Sie einmal die Kutteln, sie schmecken großartig, vor allem wenn sie sauer angemacht werden, wie in dem Rezept auf Seite 36.

Ein Lamm- und ein Rehrezept habe ich ins Rindfleischkapitel geschmuggelt. Diese beiden Fleischsorten haben es zwar nicht in den Rang von Traditionsgerichten geschafft, schmecken aber ausgezeichnet – und Wild gehört zu den gesündesten Fleischarten, es ist bio pur. Ich finde, es wird Zeit, dass wir endlich ein Wildgericht bekommen, das es mit der Popularität eines Schweinsbratens aufnehmen kann. Auch dass wir einen Geflügelklassiker bekommen, der über das populäre Grillhähnchen hinausgeht.

Auf, ihr Spitzen- und Fernsehköche – es gibt Großes zu tun!

DREI AUF EINEN STREICH

Schwäbische Hochzeitssuppe mit Markklößchen, Eierstich, Flädle

BRÜHE

Rinderbrust	1 kg
Markknochen	3
Lauch	1
kleiner Sellerie	1
Karotten	2
Petersilienwurzel	1
Zwiebel	1
Lorbeerblatt	1
Nelken	2
Salz, Pfefferkörner	

MARKKLÖSSCHEN

Rindermark	40 g
Butter	40 g
Eier	2
Petersilienzweige	3
Semmelbrösel	80 g
Salz, Muskatnuss, Pfeffer	

EIERSTICH

Eier	2
Milch	1 dl
Salz, Muskat, etwas Butter	

FLÄDLE

Mehl	100 g
Eier	2
spritziges Mineralwasser	1 dl
Salz	

Schnittlauch	1 Bund
Meerrettich	1 kl. Stange

ZUBEREITUNG

– **Brühe:** Knochen zuerst heiß abspülen und mit dem Lorbeerblatt, den Nelken kalt aufsetzen. Wenn die Brühe kocht, Fleisch und Gemüse zugeben. 10 Minuten sieden lassen, dann Knochen entfernen. Fleisch weitere 1 bis maximal 2 Stunden ziehen lassen. Fleisch herausnehmen und Brühe absieben. Wer eine dunkle, intensive Brühe schätzt, röstet eine halbierte Zwiebel ohne Fett in einer beschichteten Pfanne stark an und gibt sie in die Brühe.

– **Markklößchen:** Für die Markklößchen wird das Mark aus den Knochen geschabt und durch ein Sieb passiert. Mark, Butter, aufgeschlagene Eier, Salz, Muskat, Pfeffer zusammen mit den Semmelbröseln gut vermengen. Masse rund 1 Stunde kühl stellen. Dann Klößchen formen, wieder für eine halbe Stunde kühl stellen. In die siedende Brühe geben und 5 bis 10 Minuten ziehen lassen.

– **Eierstich:** Für den Eierstich aufgeschlagene Eier mit der Milch verquirlen. Mit Salz und Muskat abschmecken und in ein gebuttertes Förmchen füllen. 15 bis 20 Minuten im heißen Wasserbad stocken lassen. Gut abkühlen und vorsichtig stürzen. Masse in Würfel schneiden.

– **Flädle:** Für die Flädle Mehl, Eier, Wasser und Salz mit dem Schneebesen gut verrühren. Den Teig eine halbe Stunde ruhen lassen. In eine beschichtete Pfanne immer ganz wenig Teig geben, sodass hauchdünne Pfannkuchen gebacken werden. Auskühlen, zusammenrollen und in feine Streifen schneiden.

– **Anrichten:** Zum Schluss Flädle, Eierstich und Klößchen in die heiße, aber nicht kochende Brühe geben und mit Schnittlauchröllchen bestreuen. Das Fleisch in Scheiben schneiden und mit frisch geriebenem Meerrettich servieren.

WIE'S GUT TUT

Eine komplette Mahlzeit ist diese Kraftsuppe zusammen mit dem Fleisch – und eine dem Diabetes, der schlanken Linie wohlgesonnene. Denn bis auf die dünnen Flädle kommt das Gericht weitgehend ohne Kohlenhydrate aus.

Alles, was das Schwabenherz glücklich macht, vereint diese Suppe: Eine kräftige Brüh´, handgemachte Markklößchen, herzhafter Eierstich und dünne Flädle. Versteht sich, dass die sparsamen Schwaben die Supp´ nur bei besonderen Anlässen genießen: An Festtagen oder wenn der Nachwuchs zum Traualtar schreitet – und hoffentlich was „Rechts" heiratet, bloß keinen Badener, einen Preußen gar. Dann kann es passieren, dass Brüh, Klöß und Spätzle ausm Päckle komme, denn die „Reigschmeckten" verstehet ja eh nix und dann wär das gute Essen für d´ Katz.

GURKENGLÜCK

Rindsroulade mit Rotkraut, Kartoffelstock und Feldsalat
Von Dieter Lauber

RINDSROULADEN

Rouladen aus der Rinderoberschale zu je rund 200 g	4
große Essiggurke	1
kleine Schalotten	2
Knoblauchzehen	4
Scheiben Bauchspeck	4
glatte Petersilie	1 Bund
Löwensenf	4TL
Olivenöl oder raffiniertes Rapsöl	
Salz, Pfeffer	

SOSSE

Schalotten	1
kleine Möhren	2
Lauch	1
Lorbeerblatt	1
Tomatenmark	wenig
ordentlicher Rotwein	½ l

ROTKRAUT

Rotkohl, klein	1
Zwiebel	1
Apfel	1
Lorbeerblatt	1
Nelkenblüte	1
Zimtblüte	1
Pimentkörner	2
Butter	2 EL
Rotwein	¼ l

KARTOFFELSTOCK

Kartoffeln	200 g
Topinambur	250 g
Olivenöl	1 EL
Walnußöl	2 EL
Topinamburschnaps	4 cl
Meersalz, schwarzer Pfeffer	

FELDSALAT

Feldsalat, möglichst kleine „Nüssle“	200 g
kleine Schalotte	1
glatte Petersilie	1 kleiner Bund
frische Walnusskerne	5
Rotweinessig	1 TL
Zitronensaft	1 Spritzer
Walnussöl	1 EL
Salz, Pfeffer	

ZUBEREITUNG

– Rouladen: Die Rouladen salzen, pfeffern, den Senf mit einem flachen Messer gleichmäßig verteilen und mit jeweils einer Scheibe Bauchspeck belegen. Schalotten, Knoblauchzehen, Gurke und Petersilie klein schneiden und mischen. Sorgfältig über den Bauchspeck verteilen und von der breiten Seite der Roulade her straff aufrollen.

Das Öl (mein Bruder nimmt Butterschmalz) im Bräter erhitzen, die Rouladen zuerst an der Schnittfläche anbraten – das erspart den Bindfaden. Dann rundum braten, anschließend das grob geschnittene Gemüse und das Tomatenmark zugeben und einige Minuten weiter schmurgeln. Anschließend mit dem Rotwein ablöschen und ab geht´s in den Ofen: Rund eine Stunde werden bei 160 Grad die Rouladen bei geschlossenem Deckel geschmort. Nach etwa einer halben Stunde die Rouladen drehen und nachschauen, ob noch genügend Flüssigkeit im Bräter ist. Sonst Wein oder Gemüsebrühe nachgießen. Wichtig: Das Ganze darf nie trocken werden.

Anschließend die Rouladen herausnehmen, in Alufolie einwickeln und im Ofen bei 80 Grad rund 20 Minuten ruhen lassen, damit sich die Säfte gleichmäßig im Fleisch verteilen. Inzwischen die Soße mit ein wenig Wein reduzieren. Mein Bruder montiert noch eine Mehlbutter ein, was die Soße sämiger macht. Das Fleisch mit dem Soßengemüse servieren.

– Rotkraut: Die klein geschnittene Zwiebel in der nicht zu heißen Butter glasig dünsten. Den grob gewürfelten Apfel leicht mit karamellisieren. Das Rotkraut fein raspeln und einige Minuten mit anschwitzen, Lorbeerblatt und die gemörserten Gewürze dazu geben. Mit dem Rotwein ablöschen, vorsichtig vermengen und rund eine halbe Stunde bei milder Hitze garziehen lassen, sodass das Kraut noch Biss hat. Gegebenenfalls Wein nachgießen und erst zum Schluss salzen und nicht pfeffern.

– Kartoffelstock: Wasser zum Kochen bringen. Zuerst die geschälten Kartoffeln (wenn sie jung sind, schäle ich sie nicht, weil in den Schalen Vitalität und Geschmack stecken) grob würfeln. In das mit Olivenöl und Salz gewürzte Wasser geben. Dann die sorgfältig gewaschenen Topinamburen ebenfalls grob würfeln, in das Wasser geben. Rund 15 Minuten simmern lassen, sodass beides noch bissfest ist. Mit dem Rührstab grob pürieren, sodass noch kleine Stücke schmeckbar sind. Salzen, pfeffern und mit dem Walnussöl und dem Schnaps würzen. Ganz zum Schluss mit der feinen Reibe einen kleinen Topinambur frisch über den Stock reiben und leicht untermengen.

– Feldsalat: Den gewaschenen Feldsalat in eine Marinade geben: Klein gehackte Nüsse, fein geschnittene Petersilie, Essig, Zitronensaft, Salz, Pfeffer. Umrühren und dann erst das Walnussöl dazu.

– Getränk: Ein eleganter Spätburgunder von Hermann Dörflinger aus Müllheim passt wunderbar zu diesem Gericht. Der trockene 2013er Rotwein aus der Paradelage Badenweiler Römerberg drängt sich mit seinen 12,5 Prozent Alkohol nicht in den Vordergrund – überlässt den ganz großen Auftritt der Roulade und dem Rotkraut.

WIE'S GUT TUT

Die wichtigste Wirkung: Ein tiefes Gefühl des kulinarischen Glücks! Denn die Kombination aus Roulade, Rotkraut und Stock schmeckt hinreißend. Aber nicht nur das: Senf, Zwiebeln machen das eiweißreiche Fleisch bestens verdaulich. Rotkraut ist reich an vitalisierendem Vitamin C und blutbildendem Eisen. Der Topinambur im Kartoffelstock wirkt resorptionsverzögernd, sodass die Kohlenhydrate nicht so schnell blutzuckersteigernd wirken – ein Effekt, der sich noch dadurch verstärken lässt, dass der Feldsalat vor dem Essen verzehrt wird, was den ersten Hunger dämpft. Ein wenig müde macht der mit dem Baldrian verwandte Feldsalat. Schläfrig macht auch der dank Resveratrol herzschützende Rotwein – sodass sich nach dem Essen ein kleiner Spaziergang und ein längerer Mittagsschlaf empfehlen.

Ja, es gibt sie noch, die Familienrezepte! Schon meine Oma, meine Mutter bereitete diese legendäre Roulade zu – und gottseidank hat mein Bruder Dieter diese kulinarische Tradition gerettet. Wobei der große Trick dabei ausgerechnet die Essiggurke ist, ohne diese Zutat „fehlt“ etwas Entscheidendes.

IM SIEBTEN SOSSEN-HIMMEL

Zwiebelrostbraten mit Rotweinsoße und Brennnesselpüree
Von Klaus Neidhart

ROSTBRATEN

Rumpsteak oder Hüftsteak	800 g
große Zwiebeln (aber keine Gemüsezwiebeln)	4
Salz, Pfeffer, Olivenöl zum Anbraten	

SAUCE

Kalbsknochen, gerne auch mit Fleischabschnitten	2
guter Rotwein, etwa ein Spätburgunder	1 l
Gemüsebrühe (oder Wasser)	1 l
kleiner Sellerie	1
Möhren	2
Lauch, das Weiße davon	1
Schalotte	1
Knoblauchzehen	2
Thymian	3 Zweige
Rosmarin	1 Zweig
Pimentkörner	2
Lorbeerblätter	2
Tomatenmark	1 EL
Olivenöl zum Anbraten	

PÜREE

Brennnesselspitzen, frisch gesammelt	30
Butter	2 EL

Ein Höhepunkt der schwäbisch-österreichischen Heimatküche ist der Zwiebelrostbraten. Überall steht er auf der Karte. Aber wie so oft bei den Klassikern entfaltet er sein ganzes kulinarisches Potenzial nur selten. Die hohe Kunst hier ist die Soße – ein gutes Beispiel für das schwäbische Motto „Numme net hudle“. Klaus Neidhart rechnet mit mindestens drei Stunden, bis sie so sämig ist, dass sie direkt in den Siebten Soßen-Himmel führt.

ZUBEREITUNG

= Fleisch: Das Fleisch in fingerdicke Scheiben schneiden und in Olivenöl scharf anbraten, salzen, pfeffern und dann rund 8 Minuten bei 120 Grad im Backofen ziehen lassen. Danach einige Minuten im abgeschalteten Ofen ruhen lassen.

Inzwischen die Zwiebeln in Ringe schneiden und in heißem Öl in einem Pfännchen einige Minuten lang dünsten und kurz vor dem Anrichten in die Soße geben.

= Soße: Lange vor dem Braten muss die Soße vorbereitet werden, soll sie so perfekt werden, wie hier beschrieben. Die Kalbsknochen in einer Pfanne mit Olivenöl scharf anbraten. Dann die jeweils klein geschnittenen Möhren, Sellerie, Schalotte, Lauch, Knoblauch dazu. Anschließend Lorbeer, Thymian, Rosmarin und Piment in den Schmortopf, weiter rühren. Zum Schluss das Tomatenmark kurz mitrösten. Jetzt nach und nach zuerst mit Rotwein, dann mit Gemüsebrühe ablöschen – wobei es wichtig ist, dass die Sauce immer nur leicht köchelt, sonst „verduften“ die Aromen. Wenn die Sauce stark eingeköchelt ist, wieder mit Rotwein ablöschen – und den Vorgang noch einmal wiederholen, sodass es insgesamt drei „Durchgänge“ gibt.

Ziel ist es, die rund zwei Liter Wein und Brühe auf weniger als ein Viertel zu reduzieren, auf dass nur ein unvergleichlich intensives Konzentrat ohne den Alkohol übrig bleibt. Ein Konzentrat, das aber immer wieder einen wachen Blick erfordert, dass die Sauce nicht zu stark köchelt oder gar plötzlich ohne Flüssigkeit ist. Nach rund drei Stunden ist die Sauce so richtig sämig und kann durchpassiert werden. Dann werden noch eiskalte Stückchen Butter einmontiert. Perfekt wird es, wenn noch mit gutem Balsamico und edlem Portwein abgeschmeckt wird. Das macht natürlich keine sparsame schwäbische Hausfrau – aber Moos, wo Klaus Neidhart kocht, gehört ja nicht zu Württemberg, sondern zum genussfreudigen Baden.

= Praktischer Hinweis: Wem das Procedere zu lange dauert, der bekommt natürlich schon nach einer guten Stunde eine gute Sauce, die dann am besten mit Mondamin gebunden wird.

= Brennnesselpüree: Möglichst junge, zarte Brennnesseln sammeln – oder von älteren nur die oberen Blätter nehmen. Die Nesseln überbrühen und sofort in eiskaltem Wasser abschrecken, damit

sie Farbe und Vitalstoffe behalten. Durch die feine Scheibe des Wolfes drehen.
Mit dem Pürierstab weiter zerkleinern. Frische Butter im Pfännchen nussig bräunen und unter das Püree mischen.

– Anrichten: Das Fleisch auf vorgewärmte Teller legen, darüber die kostbare Sauce gießen, die gedünsteten Zwiebeln darüber und das Püree dazu reichen. Gerne werden dazu Spätzle gegessen. Ich empfehle aber, dieses feine Gericht mit thymiangewürzten Möhren zu genießen.

WIE'S GUT TUT

Eine vergleichsweise sanfte, weil kurze Zubereitungsart ist der Rostbraten, was der Vitalkraft zugute kommt. Auch machen Zwiebeln den Braten verdaulicher, und wenn sie gedünstet sind, essen sie auch Zwiebelverächter lieber. Noch mehr Vitalität steuert das Brennnesselpüree bei, weil die Nesseln helfen, die Säuren des Bratens abzuführen. Außerdem gilt die brennende Urtica dioica tendenziell als zuckersenkend. „Natural Functional Food“ habe ich in meinem Buch „Schönkost“ die gezielte Kombination von Lebensmitteln genannt, um den Gesundheitsnutzen zu erhöhen. Wenn´s dann noch großartig schmeckt, ist´s um so besser!

Liebt Sauerbraten mit frischen Trauben: Birnenschaumwein

Saures allerorten: Ob Baden, Franken, Rheinland, Sachsen, Schwaben, Schweiz oder Westfalen, überall gibt es den sauer marinierten Braten – und das auch noch mit verschiedenen Fleischsorten, vom Rind über Kaninchen, Schwein, Wild bis zum Pferd wurde alles eingebeizt. Dadurch wird das Fleisch zarter und besser verdaulich. Weil ich in Köln lebe, habe ich mich für die Rheinische Art entschieden. Da ich aber ursprünglich aus Baden stamme, habe ich statt der hier üblichen Rosinen lieber frische Trauben genommen. Darauf hat mich der legendäre Winzer-Gastronom Franz Keller Senior gebracht, der als Fridolin Schlemmer das lebensfrohe Buch „Alemannisch angerichtet" geschrieben hat.

BEEREN-STARK

Rheinischer Sauerbraten mit Wirsing und Rievkooche

BRATEN

Hüftstück vom Rind (in Köln ursprünglich Pferdefleisch)	800 g

BEIZE

Rotwein, etwa ein Spätburgunder	1½ l
Rotweinessig	2 dl
Karotten, grob geschnitten	4
große Zwiebel, gewürfelt	1
Knoblauchzehen, geschnitten	5
Lauch, grob geschnitten	1
Knollensellerie, gewürfelt	1
Lorbeerblätter	3
Nelkenblüten	4
Wacholderkörner	6
schwarze Pfefferkörner, ganz	20
Gemüsebrühe	2 dl

SOSSE

vollreife Tomaten, geviertelt	200 g
Johannisbeergelee	1 TL
reife Weinbeeren, geviertelt	50 g
Salz, Pfeffer	

WIRSING

Wirsingblätter	4
Sonnenblumenöl	1 EL
Gemüsebrühe	½ Tasse
Sahne	1 EL
Salz, Pfeffer, Muskat	

RIEVKOOCHE

mehlige Kartoffeln, etwa Adretta, Karlena oder Aula	400 g
Zwiebel	1
Eier	2
kernige Haferflocken	2 EL
getrockneter Majoran	1 TL
Salz	½ TL
Sonnenblumenöl	4 EL

ZUBEREITUNG

– Fleisch: Für den Braten die Zutaten der Beize aufkochen und erkalten lassen. Darin den Braten fünf Tage einlegen, kühl stellen und täglich wenden. Den Braten aus der Beize nehmen, gut abtrocknen. In einer Kasserolle Öl erhitzen, das Fleisch rundum anbraten. Mit Beizbrühe ablöschen, die geviertelten Tomaten, das Johannisbeergelee dazu, salzen, pfeffern und je nach Beschaffenheit des Fleisches zwei bis drei Stunden bei 160 bis 180 Grad im Backofen schmoren. Das Fleisch muss innen noch saftig sein. Das Fleisch herausnehmen, die Sauce durchpassieren, die geviertelten Trauben in die Soße geben und kurz erhitzen.

– Wirsing: Für den Wirsing die dicken Rispen heraustrennen, fein wie eine Zwiebel schneiden und im heißen Sonnenblumenöl andünsten. Die übrigen Blätter in breite Streifen schneiden und zu den Rispen geben. Kurz andünsten, mit der Brühe ablöschen. Rund 10 Minuten bei sanfter Hitze ziehen lassen, Sahne angießen, salzen, pfeffern.

– Rievkooche: Geschälte Kartoffeln in ein Sieb reiben, was am besten in der Küchenmaschine geht. Das Sieb steht auf einer Schüssel, in die die Kartoffeln abtropfen können. 15 Minuten stehen lassen, das aufgefangene Kartoffelwasser aufbewahren und mit Majoran gewürzt gegen Übersäuerung trinken. Nun die Kartoffelmasse zu der abgesetzten Stärke geben. Die Zwiebel reiben, mit Eiern, Haferflocken, Majoran und Salz unter die Masse kneten.

Öl in einer beschichteten Pfanne erhitzen und 4 gehäufte EL Kartoffelteig in die Pfanne geben. Teig leicht flach drücken und bei mittlerer Hitze braten, bis die Unterseite goldbraun ist und sich an der Oberseite ein brauner Rand zeigt. Reibekuchen wenden und goldbraun fertig braten.

– Getränk: Der Birnenschaumwein von Jörg Geiger aus Schlat bei Göppingen ist das klügste Beispiel für gelungenen Artenschutz: Um die einzigartigen, hochstämmigen Streuobstbäume zu bewahren, verwandelt er ihre Früchte in seiner Manufaktur in hochklassige Schaumweine und Brände. Inzwischen werden die Produkte von Jörg Geiger, der auch ein elegantes Restaurant mit einer traditionellen Wirtschaft kombiniert, weltweit in ersten Häusern verkauft. Die Abfüllung für den Stuttgarter Weinhändler Bernd Kreis ist besonders edel und besonders trocken ausgebaut.

WIE'S GUT TUT

Durch das saure Einbeizen wird das Fleisch besser verträglich, auch bremst die Säure ein wenig die Kohlenhydrate. Und vielleicht machen die Trauben statt der Rosinen den Braten weniger süß. Aber machen wir uns nichts vor: Das ist kein Schlankheitsgericht, schon gar nicht mit den Rievkoochen. Also, Augen zu und genießen, natürlich nicht am Abend, sondern mittags!

ZEITSPIEL

Tafelspitz, Bouillon-Kartoffeln, roher Rote Bete-Salat

TAFELSPITZ

abgehangener Tafelspitz vom Jungrind aus der Keule mit Fettrand	800 g
Wasser	1 ½ l
Möhre, gewürfelt	1
Sellerie, gewürfelt	½
kleiner Lauch, in Scheiben geschnitten	1
Knoblauchzehen, in Scheiben geschnitten	2
Zwiebel halbieren und ohne Fett knapp schwarz anbräunen; nicht verbrennen!	1
Meerrettich zum Reiben	
Liebstöckel	1 Zweig
Petersilie	1 Zweig
Salz, Pfeffer, Muskat	

BOUILLON-GEMÜSE-KARTOFFELN

festkochende Kartoffeln	300 g
kleiner Sellerie	1
Karotte	1
Lauch	1
Majoran	1 Zweig
Fleischbrühe vom Tafelspitz	300 ml

ROTE BETE-SALAT

mittelgroße Rote Bete, möglichst Bio	1
Gemüsebrühe (oder von der Fleischbrühe)	½ Tasse
Balsamico	1 EL
Zitronensaft, etwas Zitronenabrieb	1 TL
Korianderkörner	10
Koriander	1 Bund
Walnusskerne	3 EL
Walnussöl	1 TL
Olivenöl	1 EL
Meersalz, Pfeffer	

ZUBEREITUNG

= Tafelspitz: Das Wasser, die Gemüse, die geflämmten, geschmackbringenden Zwiebelhälften, Knoblauch, Salz, Pfeffer in einen großen Topf geben und einmal aufkochen. Dann den Tafelspitz dazu geben und rund zweieinhalb Stunden bei 90 Grad ziehen lassen. Nach rund einer Stunde die Gemüse herausnehmen. Zum Ende des Garziehens noch frischen Liebstöckel dazu und mit Muskat würzen.

= Bouillon-Kartoffeln: Kartoffeln und Gemüse in kleine Würfel schneiden, Brunoise nennen das die Köche. In einem Topf alles kurz in Butter andünsten und mit der Brühe auffüllen. Einmal aufkochen – und dann rund 15 Minuten simmern lassen. Vor dem Servieren mit frischem Majoran würzen.

= Rote Bete-Salat: Die gut gewaschene Rote Bete möglichst ungeschält fein raspeln. Das ist mühsam, aber es lohnt sich, da es sehr gut schmeckt. Eine Marinade rühren aus: Gemüsebrühe, Balsamico, Zitronensaft, Zitronenabrieb, zerstoßenem Koriander, fein geschnittenem Koriander (einige Zweige zur Dekoration übrig lassen), den gehackten Walnüssen, Salz und Pfeffer. Umrühren und erst jetzt Walnuss- und Olivenöl angießen. Wieder umrühren und über die geraspelten Bete geben. Von Hand vermengen und eine Stunde durchziehen lassen. Hört sich kompliziert an, aber für die Mühen entschädigt ein unvergleichlicher Genuss.

= Anrichten: Zum Anrichten das Fleisch in fingerdicke Scheiben schneiden. Daneben die Kartoffeln mit dem Gemüse legen. Darüber frisches Meersalz, frisch geriebenen Meerrettich und fein geschnittene Petersilie.

= Getränk: Der Gutedel ist der Paradewein des südbadischen Markgräflerlandes – und einer der besten Produzenten ist Hermann Dörflinger, wichtiger Initiator des renommierten Gutedel-Preises. Der Müllheimer Winzer (076 31/22 07) baut den Gutedel, der zu den ältesten Rebsorten der Welt gehört, grundsätzlich trocken aus. Das macht auch den 2014er zu einem süffigen Begleiter des Tafelspitzes – und seine moderaten 11,5 Prozent Alkohol verzeihen auch mal eine zweite Flasche. Zumal trockener Wein auch ein veritabler Blutzucker-Balancierer ist.

WIE'S GUT TUT

Eine Eloge auf den Geschmack – und eine Eloge auf die Gesundheit ist dieses Gericht: Das Rindfleisch steckt voller Vitalstoffe, der frische Meerrettich ist eine perfekte Vitamin C-Quelle. Die Gemüse liefern ebenfalls Vitamine, Spurenelemente und Ballaststoffe. Eine wahre Gesundheitsbombe ist der Salat von roher Roter Bete. Das ist wichtig, denn gekocht treibt das botanisch mit der Zuckerrübe verwandte Gemüse den Blutzucker nach oben.

Roh gegessen besitzt das Fuchsschwanzgewächs aber Eigenschaften, die es fast schon apothekenpflichtig machen: So schlummert in der roten Knolle eine breite Vitalstoffpalette, etwa Jod, ein Mineral, von dem bei uns viele zu wenig haben, was schlank hält und die Immunabwehr stärkt.

Auch werden die Zellkraftwerke, die Mitochondrien, angekurbelt, was den Alterungsprozess verlangsamt – und weil das tückische, degenerierte Eiweiß Homocystein gesenkt wird, reduziert sich das Risiko von Herzkrankheiten.

Ein Wiener Klassiker, bei dem die Herzen der Genießer höher schlagen: Das in der Brühe gesottene Rindfleisch. Gelingt es gut, wird der Tafelspitz mürbe, ist saftig und voller Geschmack, also vollendeter Fleischgenuss. Zwei Dinge braucht es dazu: Zeit, fast drei Stunden, und ein wirklich gutes, abgehangenes Stück aus der Keule, ruhig mit einem ordentlichen Fettrand, damit die Brühe Geschmack und Kraft bekommt.

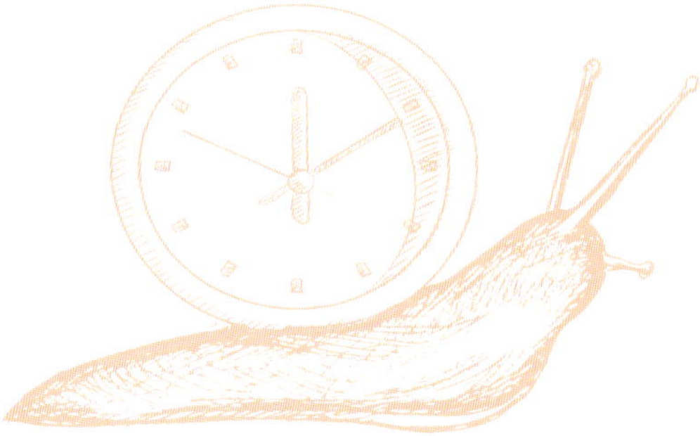

So ist es fein, das Wiener Schnitzel: mit gewellter Panade

Deutschland ist Schnitzelland. Doch das bekannteste „Sniz", so die mittelhochdeutsche Bezeichnung für geschnittenes Fleisch, kommt aus der Donaumonarchie – und ist laut einem Kochbuch von 1831 ein „Wiener Schnitzel von Kalbfleisch", das paniert und ausgebacken wird. So halte ich es auch in meinem Rezept, wobei ich die herkömmliche Bröselpanade durch eine Mischung aus gemahlenen Haselnüssen und Kürbiskernen ersetze, was angenehm nussig schmeckt. Die Kürbiskerne sind eine Idee des Wiener Feinschmeckers und begnadeten Essigmachers Erwin Gegenbauer. „Vergelt's Gott", lieber Erwin Gegenbauer!

KÜRBISKRAFT

Wiener Schnitzel mit Kartoffel-Gurken-Salat

WIENER SCHNITZEL

Kalbsschnitzel aus der Oberschale zu je rund 150 g	4
Haselnüsse, gemahlen	3 EL
Kürbiskerne, gemahlen	3 EL
Bio-Zitrone, abgerieben	1
Eier	2
Sahne	1 dl
Mineralwasser	1 Spritzer
Mehl	1 EL
Raps- oder Sonnenblumenöl oder geklärte Butter	4–6 EL

KARTOFFEL-GURKEN-SALAT

festkochende Kartoffeln	400 g
Gemüsegurke	1
Gemüsebrühe	2 Tassen
junger Knoblauch	1
Löwensenf	1 TL
Zitrone	½
Weißwein	1 dl
Apfelessig	2 EL
Olivenöl	4 EL
Salz, Pfeffer	

ZUBEREITUNG

– Schnitzel: Eier, Wasser, Sahne verquirlen. Schnitzel leicht mehlieren (überschüssiges Mehl abklopfen), wenig salzen, durch das verquirlte Ei und dann durch die Panade ziehen aus Haselnüssen, Kürbiskernen und Zitronenabrieb. Öl oder eventuell geklärte Butter in einer beschichteten Pfanne erhitzen und dann die Schnitzel zugeben, wobei die Schnitzel „schwimmen" müssen, ohne die Oberfläche zu bedecken. Lieber immer wieder Fett mit einem Löffel übergießen. Wenden und solange braten, bis die Panade Blasen wirft, ohne dass das Fleisch innen schon trocken ist. Das gut hinzukriegen gehört zu den ganz hohen Künsten der Heimatküche!

Übrigens: Das Schnitzel wird fast noch saftiger mit Schweinefleisch, heißt dann aber „Wiener Art".

– Kartoffel-Gurken-Salat: Die Kartoffeln nicht zu weich kochen und wenn es junge Ware ist, nicht schälen. Dann in dünne Rädchen schneiden und eine Marinade rühren aus: Gemüsebrühe (zuerst eine Tasse und sehen, ob es reicht, und keine besonders intensive Brühe nehmen – Möhren, Lauch, etwas Sellerie reichen), Saft einer halben Zitrone, Wein, Senf, fein gehackter Knoblauch, Essig, Salz und Pfeffer. Gut vermischen und sorgfältig unter die Kartoffeln mengen. Gurke in dünne Scheiben hobeln und untermengen. Dann erst das Olivenöl dazu geben – und noch einmal mengen. Rund 10 Minuten durchziehen lassen.

– Alternative im Frühjahr: Selbst gesammelten Löwenzahn in feine Streifen schneiden und unterheben. Ein Gedicht! Und Löwenzahn stärkt mit seinen Bitterstoffen die Leber. „Ginseng des Westens", nennt die kräuterkundige Ursel Bühring den „Taraxacum officinale".

WIE'S GUT TUT

Semmelbrösel sind potenzielle Dickmacher, weshalb sie in diesem Rezept fehlen. Kürbiskerne enthalten Vitamin E, was das Bindegewebe stärkt, sowie Muskelfreundliches Magnesium und Phytosterine, welche die Prostata unterstützen. Haselnüsse helfen dem Gedächtnis auf die Sprünge und bergen verdauungsfördernde Ballaststoffe. Wer nicht so helles Bio-Kalbfleisch kauft, wird belohnt mit besonders viel blutbildendem Eisen und dem raren Vitamin B12, das wichtig für den Energiestoffwechsel und den Schutz des Zentralnervensystems ist.

NOBELPREISWÜRDIG

Kalbskutteln mit Wurzelgemüsen
Von Dieter Lauber

KALBSKUTTELN

frische, geputzte, in Streifen geschnittene Kalbskutteln	400 g
Schalotten, fein gehackt	2
Essig	1 kräftiger Schuss
Wein	1 Schuss
Kümmel, über Nacht in Wasser gequollen	1 TL
gemahlener Kümmel	1 TL
krause Petersilie	1 Bund
Mehl (Type 1050)	1 TL
weiche Butter	2 TL
geklärte Butter zum Anbraten	
Salz, Pfeffer	

WURZELGEMÜSE

Möhren	3
kleiner Sellerie	1
Pastinake	1
Petersilienwurzel	1
Lauch	1
Olivenöl	1 EL
Gemüsebrühe	4 EL
Schnittlauch	1 Bund

ZUBEREITUNG

= Kutteln: Die fein geschnittenen Schalotten in der heißen geklärten Butter leicht anschwitzen, die Kutteln dazugeben, einige Minuten mit dem gequollenen Kümmel kräftig anrösten. Mit Wein und Essig ablöschen, den gemahlenen Kümmel, ein wenig Salz dazu geben – und alles eine runde halbe Stunde köcheln lassen, bis die Kutteln bissfest sind. Die weiche Butter und das Mehl mit einer Gabel zu Mehlbutter formen und dazu geben. Abschmecken mit Essig, Salz, Pfeffer und gemahlenem Kümmel.
Zum Schluss mit fein gewiegter Petersilie bestreuen.

= Wurzelgemüse: Für das Wurzelgemüse Möhren, Sellerie, Pastinake, Petersilienwurzel in dünne Streifen, den Lauch in feine Ringe schneiden. Alles im Öl andünsten, mit der Gemüsebrühe ablöschen – und alles bissfest garen und darüber fein geschnittenen Schnittlauch streuen.

= Beilage: Dazu passt sehr gut eine frische Rösti. Siehe Rezept „Zürcher Geschnetzeltes“ auf Seite 38.

WIE'S GUT TUT

Wie alle Innereien enthalten auch die Kutteln wertvolle Vitalstoffe, etwa das Sehvitamin A, die gegen Arterienverkalkung wirkende Folsäure und munter machendes Eisen. Durch die saure Zubereitung wird das Gericht verdaulicher, und der Essig sorgt als Resorptionsverzögerer auch dafür, dass die Kohlenhydrate der Rösti nicht so schnell ins Blut flutschen, was der schlanken Linie dient. Die Purine der Innerei werden durch das basische Wurzelgemüse leicht gepuffert.

„Muss das sein, ausgerechnet Kutteln?“ werde ich gefragt. Ja, es muss sein – und zwar aus zwei Gründen: Richtig zubereitet ist diese Innerei ein großartiges Gericht, auf das schon Nobelpreisträger Günter Grass wahre Elogen gesungen hat, natürlich bei ihm auf „Kaschubische Art“. Zum anderen gilt der Grundsatz: Wer Tiere tötet, hat auch (fast) alles von ihnen zu essen, das gebietet der Respekt vor der Kreatur. Wer also einen guten Metzger kennt, der noch weiß, von wem er sein Fleisch bezieht (das ist in Süddeutschland erfahrungsgemäß einfacher als im Norden), der wage sich an dieses Rezept meines Bruders. Er führt damit eine Familientradition fort, in der Innereien immer eine große Rolle gespielt haben.

Pichelsteiner Topf von der Lammschulter
Von Klaus Neidhart

ZUTATEN

Lammschulter	300 g
kleiner Spitzkohl, in Streifen geschnitten	1
kleiner Sellerie	1
kleine Karotten	3
kleiner Wirsing, in Streifen geschnitten	1
Bohnen	200 g
Zwiebel, fein geschnitten	1
Knoblauchzehen	3
Thymian, Majoran, Liebstöckel	je 1 Zweig
Bockshornkleesamen (gibt´s als Foenum graecum in der Apotheke)	1 TL
Muskat	½ TL
Sonnenblumenöl	2 EL
Wasser	1 l

ZUBEREITUNG

Das Lamm in grobe Würfel schneiden. Die geschnittene Zwiebel im Öl glasig dünsten. Dann das leicht gesalzene Fleisch dazu geben und kurz anschwitzen. Mit dem Wasser auffüllen, aufkochen. Jetzt die in ungefähr ein Zentimeter große Würfel geschnittenen Gemüse, den Knoblauch, Majoran, Thymian und Liebstöckel dazugeben (Wirsing und Spitzkohl rund 15 Minuten später, weil sie kürzer garen). Die Gemüse nicht salzen! Rund eine Stunde simmern lassen – und zum Schluss mit wenig Salz, gemahlenem Bockshornklee und frisch geriebenem Muskat würzen.

Das Ganze sieht besonders schön aus, wenn die Gemüse in Rauten geschnitten werden.

WIE'S GUT TUT

Leider ist das auch so ein Traditionsgericht, das gerne in Großküchen zu einer dicklichen Pampe verhunzt – und damit kulinarisch platt gemacht wird. Frisch zubereitet, kombiniert es die Geschmackskraft des cholesterinarmen, mineralstoffreichen Lammfleisches mit der Vitalität der Gemüse. Zusammen mit dem schon von Pfarrer Kneipp als wichtigstem pflanzlichem Zuckersenker geschätzten Bockshornklee sichert sich dieser Lamm-Pichelsteiner einen feinen Platz in der kulinarischen Hausapotheke.

„Ein Kompromiss ist die Kunst, einen Kuchen so zu teilen, daß jeder glaubt, er habe das größte Stück bekommen“, sagt Ludwig Erhard.

Ein Leitsatz, den sich unsere Regierung für die Europa-Politik merken sollte.

Zwei Kanzler haben sich um unsere Traditionsküche besonders verdient gemacht: Helmut Kohl mit dem Pfälzer Saumagen – ein von Metzgern hergestelltes Schweinefleischgericht. Sorgfältig produziert, schmeckt er viel besser als sein Ruf ist. Ludwig Erhard, der durch seine kluge Politik das deutsche Wirtschaftswunder möglich machte, liebte den Pichelsteiner Topf. Eine Art Eintopf aus seiner bayerischen Heimat, nämlich aus dem Niederbayerischen Büchelstein – aus dem irgendwann Pichelstein wurde. Klaus Neidhart hat das Gericht so konzipiert, dass mehr Gemüse als Fleisch verwendet wird – und er würzt mit dem Zucker-Balancierer Bockshornklee.

INNERE WERTE

Zürcher Geschnetzeltes mit Rösti und Tomatensalat
Von Klaus Neidhart und Christian Dierich

GESCHNETZELTES

Kalbsrücken	600 g
gut gewässerte, frische Kalbsniere	1
frische Champignons	4
kleine Schalotten	2
Bio-Zitrone, Abrieb	1
Weißwein	2 dl
Sahne	1 dl

RÖSTI

Kartoffeln, al dente gekocht, geraspelt	400 g
geklärte Butter	2 EL

TOMATENSALAT

Fleischtomaten, etwa Ochsenherz	2
Basilikum	2 Zweige
Balsamico	1 EL
Olivenöl	3 EL
Meersalz, schwarzer Pfeffer	

ZUBEREITUNG

Geschnetzeltes: Fleisch und vom Fett befreite Niere in dünne Scheiben schneiden. In einer sehr heißen Pfanne mit geklärter Butter maximal 1 bis 2 Minuten schwenken, sodass zarte Röstaromen entstehen. Das Fleisch leicht mit Fleur de Sel salzen, herausnehmen und warm stellen. Dann in die Pfanne geben: Butterflocken, die fein gehackten Schalotten, die blättrig geschnittenen Champignons, den Zitronenabrieb und einreduzieren. Mit Weißwein ablöschen und mit der Sahne zusammen noch einmal leicht einköcheln. Die Sauce abschmecken, Fleisch und Nieren dazugeben. Noch einmal durchschwenken und sofort auf heißen Tellern servieren.

Rösti: Für die Rösti die Kartoffeln salzen und muskaten. In geklärter Butter von beiden Seiten jeweils rund 5 Minuten bei sanfter Hitze anbraten, sodass außen eine leichte Kruste entsteht und die Rösti innen noch saftig bleibt.

Tomatensalat: Für den Salat die Tomaten in dünne Streifen schneiden und mit einer Marinade benetzen aus Balsamico, Olivenöl, Salz, Pfeffer und gezupftem Basilikum – und fertig! Da sage noch wer, Salat anmachen sei umständlich.

Alternative: Wer sich aber partout nicht für die Kalbsnieren begeistern kann? Der lässt sie weg und nimmt stattdessen mehr Champignons.

WIE'S GUT TUT

Die fettarmen Kalbsnieren sind gut verträglich, prunken mit wertvollen Proteinen – und strotzen vor blutbildendem Eisen und vielen B-Vitaminen, darunter dem „Zucker-Vitamin" B1, das vor dem bei Diabetes häufig vorkommenden Herzinfarkt schützen kann.

Außerdem lassen diese B-Vitamine zusammen mit dem Zink des Kalbfleisches das im Fleisch vorhandene, so rare und so wichtige Vitamin B12 zur vollen Entfaltung zu kommen.

Eines der beliebtesten Gerichte der Traditionsküche ist „Züri-Gschnätzlets", wie es im Dialekt heißt. Was aber die wenigsten wissen: „Echt ist es nur mit Kalbsniere", so Klaus Neidhart. „Igitt, Innereien", sagen jetzt einige – und lassen sich eine große kulinarische Delikatesse entgehen. Auch entgeht ihnen eine große Ladung Vitalität, denn die Nieren strotzen vor Eiweißen und Vitaminen. Lassen Sie sich doch von dem großartigen Rezept begeistern, das die „Gottfried"-Köche Christian Dierich und Klaus Neidhart für meine „Heimatküche" konzipiert haben

Nur echt mit Kalbsniere: Zürcher Geschnetzeltes

Schützen das Herz: Kapern auf Klopsen

Zu den populärsten Gerichten zählen die Klopse, die aus der ostpreußischen Küche stammen. Niemand kann sich diese Popularität so richtig erklären. Es muss wohl an der deutschen Liebe zu Klößen und Klöpsen liegen – und an den leicht exotischen Zutaten: Sardellenfilets für die Klopse und Kapern für die Sauce. Wird das Gericht mit erstklassigen Produkten zubereitet, wie es Klaus Neidhart hier macht, schmeckt es um Lichtjahre besser als in den meisten Großküchen, Kantinen und ICEs, wo es mit kanonenkugligen Klopsen und dicker Sauce so gerne auf der Karte steht – und plötzlich wird klar, dieses scheinbare Allerweltsgericht ist eine elegante Delikatesse.

ELEGANTE DELIKATESSE

Königsberger Klopse mit Wildreis
Von Klaus Neidhart

KLOPSE

Kalbsschulter	300 g
Schweinefleisch; Schulter oder Hals	300 g
Sardellenfilets	4
Ei	1
Petersilie	1 Bund
mittelgroße Zwiebel, gespickt mit Lorbeer und Nelke	1
Essig für das Siedewasser	2 EL
Salz, Pfeffer	

SAUCE

Eigelb	1
kalte Butter	1 EL
Kapern	1 EL
Kapernessig (die Einlegeflüssigkeit)	1 EL
Siedewasser	1 EL
Sahne	2 cl
Salz, Pfeffer	

WILDREIS

Wildreis	200 g
Gemüsebrühe	1 Tasse
Wasser	3,5 dl

ZUBEREITUNG

– Klopse: Die grob geschnittene Zwiebel und die grob gehackte Petersilie kurz in Butter andämpfen. Dann beides zusammen mit dem grob gewürfelten Fleisch, den in kurze Stücke geschnittenen Sardellen von Hand kräftig durchkneten, salzen und pfeffern. Anschließend alles durch den Wolf drehen und mit dem aufgeschlagenen Ei noch einmal kneten. Für einige Minuten ruhen lassen, damit das Eiweiß aus Fleisch und Ei für die Bindung sorgen kann. So lässt sich das übliche Brötchen einsparen.

Nicht zu große Klopse formen (die auf unserem Rezeptfoto sind fast ein wenig zu groß geraten), und sie in gesalzenem Essigwasser mit der Spickzwiebel rund 10 Minuten ziehen lassen, ohne dass sie kochen.

– Sauce: Für die Sauce Eigelb mit Sahne verquirlen und mit kalten Butterstückchen legieren. Die Kapern zugeben, leicht einköcheln und mit Kapernessig, Siedewasser säuerlich abschmecken. Die Klopse in die Sauce geben und sofort servieren.

– Beilagen: Gerne werden die Königsberger mit Reis serviert. Aber Vorsicht: Die üblichen, meist durchgekochten Sorten treiben den Blutzucker in die Höhe. Deshalb serviere ich hier einen Wildreis. Auch gut dazu ist ein Salat aus Roter Bete oder ein Gurkensalat.

– Wildreis: Den Wildreis in einem Pfännchen ohne Fett kurz anrösten. Dann mit dem Wasser, der Gemüsebrühe ablöschen und bei milder Hitze eine knappe Stunde ziehen lassen.

WIE'S GUT TUT

Pure Protein-Power sind die Klopse mit der Eigelb-Sauce. Gut, dass da die Kapern in der Sauce sind. Denn sie enthalten den Oxidationshemmer Rutin, welcher die Folgen von zu viel Fleisch neutralisiert. Auch wirken die in Salzlake und Essig eingelegten Blütenknospen der Kapernsträucher (mit die besten wachsen in Südfrankreich) verdauungsfördernd und herzschützend. Der Essig sorgt dafür, dass das Essen besser vertragen wird, und dass Kohlenhydrate nicht so schnell ins Blut flutschen, was gegen die gefürchteten Zuckerspitzen hilft.

WILD TRIFFT WILDES

Rehragout mit Wildkräuteromelette

REHRAGOUT

Rehragout, geschnitten	800 g
Reh- oder Wildfond	½ l
Rotwein	½ l
zerdrückt: Pfeffer, Nelke, Piment, Wacholder, Zimtrinde	1 Gewürzbeutel
Rosmarin, Thymian	je 1 Bund
Sonnenblumenöl	2 EL

WILDKRÄUTER-OMELETTE

Eier	4
Butter	2 EL
Sahne	2 EL
schwarzer Pfeffer, frisch gemahlen	
Wildkräuter, je nach Saison, etwa Brennnesseln, Löwenzahn, Spitzwegerich, Gänseblümchen, Schlüsselblumen	100 g

ZUBEREITUNG

– Ragout: In einem Dampfkochtopf das Öl erhitzen (aber nicht zu heiß) und das Ragout gleichmäßig anbraten. Den Gewürzbeutel und die Kräuter hinzugeben, mit dem Fond und dem Wein aufgießen. Die Flüssigkeit kurz aufkochen, abschäumen. Den Deckel schließen und die Kochstufe einstellen. Die Garzeit beträgt rund 10 Minuten. Anschließend den Topf öffnen, den Fond abpassieren und mit Rotwein abschmecken. Wird eine stärkere Bindung der Sauce erwünscht, Mondamin oder Pfeilwurzelmehl einrühren.

– Wildkräuter-Omelette: Eier und Sahne verquirlen und pfeffern. Die gewaschenen und kleinst gehackten Kräuter untermischen. In einer beschichteten Pfanne die Butter schmelzen lassen und die Eier-Kräuter-Masse langsam stocken lassen – und sparsam salzen.

WIE'S GUT TUT

Wildfleisch ist bio pur, weil die Tiere sich ausschließlich von dem ernähren, was ihnen die Natur bietet. Auch prunkt das Rehfleisch mit der Aminosäure Taurin, welche die Fettverbrennung ankurbelt. Das Omelette kommt ohne Mehl aus, und die Kräuter behalten bei dieser sanften Zubereitung ihre volle Vitalkraft – und das heißt vor allem ab dem Sommer, dass sie leicht bitter sind, was wie das Taurin der schlanken Linie dient.

Sehr gerne esse ich Wildfleisch – und ernte dafür oft ein verständnisloses Kopfschütteln. Aber die meisten Leute haben Wild überhaupt noch nie probiert. Ein guter Einstieg ins wilde Leben ist Reh, das heute längst nicht mehr „wildelet", also den berüchtigten Haut Gout hat. Ideal dazu ein Omelette mit wilden Kräutern. Ursprünglich hatte mir Klaus Neidhart einen Rehpfeffer aufgeschrieben. Aber dafür braucht es Blut – und das habe ich mich dann doch nicht getraut, ins Buch aufzunehmen, auch wenn „Blut sehr eiweißreich ist", wie der Koch vom See weiß.

FISCH-REZEPTE: AHOI!

Heimatgerichte spiegeln immer auch die Gegebenheiten eines Landes wider. So ist es nicht verwunderlich, dass es in Deutschland kaum Fischrezepte von nationalem Rang gibt. Was daran liegt, dass aufgrund fehlender Kühlmöglichkeiten die Fische kaum von der Küste ins Landesinnere transportiert werden konnten. Natürlich wurden auch im Binnenland Fische in Bächen, Flüssen, Seen gefangen und gezüchtet – aber sie hatten vor allem eine regionale Bedeutung, was jammerschade ist.

Denn kaum ein Lebensmittel schenkt so viel Vitalität wie Fische und Meeresfrüchte. Es ist ein wunderbarer Cocktail aus hochwertigen Proteinen, lebenswichtigen Vitaminen und Mineralien. Alles ist leicht verträglich, und liebevoll zubereitet schmeckt es auch großartig – selbst der gerne geschmähte Labskaus kann ein kleiner Gesundheitscocktail sein. Fast schon apothekenpflichtig müsste ein Gericht wie Krabben auf Büsumer Art sein, so eine geballte Ladung Kraft steckt in diesem norddeutschen Klassiker, der mit seinem dillgewürzten Rührei auch noch großes kulinarisches Kino ist.

Sinnvoll wäre es, einmal die alten regionalen Rezepte durchzuforsten – und zu schauen, welche die Kraft für überregionale Klassiker haben. Wenn ich allein bei Klaus Neidhart sehe, was er aus seltenen Bodenseefischen wie der Trüsche (sie heißt im Norddeutschen Quappe) mit ihrer wunderbaren Leber macht, bin ich immer wieder begeistert. In einer späteren Auflage dieses Buches könnte ich mir einmal ein ganzes Kapitel nur mit Forellen vorstellen – dem Paradefisch unserer Seen, Flüsse und Züchter. Vor allem die wilde Bachforelle oder gar der rare „Alpenlachs“, der Huchen, aus einem Gebirgsfluss schmecken phantastisch und lohnen den weitesten Weg.

GELING-GARANTIE: KONFIEREN

Viele fürchten, dass der Fisch nicht gelingt. Da hilft eine raffinierte Methode, die kaum bekannt ist, die das Aroma prächtig entwickelt und die wertvollen Inhalte schont, das Konfieren. Im „Gottfried“ in Moos geht das so: Die Süßwasserfische in einem Pfännchen knapp mit Olivenöl bedecken, mit Kräutern würzen – und für rund sieben Minuten bei etwa 80 Grad im Ofen dämpfen. Keine Angst, das Öl dringt nicht in den Fisch ein, der bleibt wunderbar saftig – und aus dem Öl-Gewürz-Sud lässt sich eine wunderbare Sauce zaubern. Probieren, es gelingt praktisch immer. Oder Sie fahren einfach ins „Gottfried“, da klappt´s auf jeden Fall.

Ein Restaurantbesuch empfiehlt sich auch für alle, die den Labskaus einen Graus finden – auch wenn sie ihn nie gegessen haben: Im „Vlet“ in Hamburg wird er mit Rinderkraftbrühe, Roten Beten und Rinderbrust inszeniert. Also, keine Angst vor den Klassikern, sie müssen nur gut zubereitet werden.

STUTTGART GOES BODENSEE

Gaisburger Marsch mit Hechtspätzle
Von Klaus Neidhart

HECHTSPÄTZLE

Hechtfilet; muss topfrisch sein (alternativ: Forelle, Lachs)	400 g
schwarzer Pfeffer	
Weißwein	45 cl
Noilly Prat	1 kräftiger Spritzer
Zitronensaft	1 halber TL
Sahne	3 dl

SUD

Wasser	2 l
Noilly Prat	2 dl
Pernod	1 Schuss
Fischgräten ohne Kiemen und Kopf	
Ingwer	1 Scheibe
Nelken	2
Lorbeerblätter	2
Fenchelsaat, zerdrückt	½ TL
Möhre	1
kleiner Fenchel	1
Safranfäden	3

GEMÜSE

Knollensellerie	100 g
Möhren	100 g
festkochende Kartoffeln	100 g
Petersilie	1 Bund
Dill	1 Bund

ZUBEREITUNG

Hechtspätzle: Das Hechtfilet von letzten Gräten befreien. Würfeln, mit Salz und Pfeffer würzen, kurz ins Eisfach legen. Dann mit Weißwein, Noilly Prat marinieren. Im Mixer bei langsam steigender Geschwindigkeit eiskalte Sahne tropfenweise zugeben – und alles zu einer cremigen Farce mixen.

Sud: Für den Sud die gewässerten und abgetropften Gräten in der gesalzenen Wasser-Wein-Mischung aufkochen. Fenchel und Möhre würfeln und zusammen mit den Kräutern, Gewürzen, dem Ingwer, dem Safran dazu geben. Mit Noilly Prat würzen und 5 Minuten ziehen lassen.

Die Gemüse in kleine Würfel schneiden und im Sud rund 15 Minuten ziehen lassen. Die Fischfarce durch die Spätzlepresse in den Sud drücken und 5 Minuten ziehen lassen. Gehackte Petersilie und Dill in den Sud geben, noch einmal alles rund 3 Minuten ziehen lassen. Mit Weißwein, Pernod und Pfeffer abschmecken.

Tipp: Klaus Neidhart pochiert in der Brühe gerne noch 2 bis 3 ganze Fischstücke, etwa Waller, Lachs oder Saibling.

Alternative: Wer den Gaisburger Marsch klassisch zubereiten möchte, der nimmt Ochsenfleisch von der hohen Rippe und setzt es mit kaltem Wasser für rund 2 Stunden auf, schäumt es ab. Anschließend wird das Fleisch in mundgerechte Stücke geschnitten und mit gekochten Kartoffeln und Spätzle in der Brühe serviert. Zur Krönung des Gerichts werden Zwiebeln in Butter gebräunt und zusammen mit geschnittener Petersilie über das Fleisch gegeben.

WIE'S GUT TUT

Das kalorienarme Fleisch des Raubfisches steckt voller hochwertiger Eiweiße und wertvoller Vitalstoffe wie Magnesium und Phosphor. Das Mineral Phosphor ist wichtig für die Mineralisation der Knochen, und es ist ein wichtiger Puffer im Säure-Basen-Haushalt.

Im Stuttgarter Stadtteil Gaisburg entstand im 19. Jahrhundert ein deftiger Eintopf, der Ochsenfleisch, eine kräftige Brühe, Kartoffeln und Spätzle miteinander „verheiratete", weshalb das Gericht auch „Verheierte" heißt. Der Beiname „Marsch" rührt wohl daher, dass junge Offiziersanwärter dieses Gericht liebten. Da es in dem Buch aber schon Vieles mit Fleisch, Spätzle, Kartoffeln gibt, habe ich auf Anraten meines Stuttgarter Freundes Peter Wittmann, mit dem ich seit Jahrzehnten die heimatliche Kulinarik erkunde, das Gericht kurzerhand an den Bodensee verlegt. Da hatte Klaus Neidhart die geniale Idee, statt der Hechtklöße plus Teigspätzle einfach nur Hechtspätzle zu pressen. Spart Kohlenhydrate, schmeckt genial!

Schmeckt nach mehr

Mehr wohlschmeckende Vitalität auf einer einzigen Scheibe Brot geht nicht: Die Krabben, die biologisch richtig Garnelen heißen müssten, strotzen vor Proteinen. Eiweißreich auch die Eier – und die kräftigen Schwarzbrote steuern genau die wertvollen Kohlenhydrate bei, die nicht so schnell ins Blut gehen.

KRAFTPAKET

Krabben Büsumer Art mit Rührei und Dill

ZUTATEN

frisch gepulte Krabben, am besten selbst pulen	200 g
Schwarzbrote	4
Butter für die Butterbrote	
Eier für Rührei	2
Schalotte	1
Dill	1 Bund
Butter	2 EL
Salz, Pfeffer	

ZUBEREITUNG

Die gewürfelte Schalotte in wenig Butter andünsten, die aufgeschlagenen Eier dazu geben, leicht salzen, pfeffern, mit dem kleingeschnittenen Dill vermengen. Vorsichtig stocken lassen, sodass die Eier innen noch „cremig“ sind. Die Brote bebuttern, das Rührei darauf heben und mit den Krabben belegen. Aus der Mühle schwarzen Pfeffer über die Krabben mahlen.

= **Vorteil:** Wenn der Dill in das Rührei eingearbeitet ist, schmeckt er intensiver.

WIE'S GUT TUT

Krabben sättigen schnell und prunken mit drei eminent wichtige Diabetes-Stoffe: Vitamin B3, was bei vielen Diabetikern erniedrigt ist, schützt vor Entzündungen, etwa Zehen, Blutgefäße; Vitamin B12 regeneriert die Nervenleitung, beugt den gefürchteten Kribbelgefühlen vor; Zink ist der Zucker-Zähmer! Das Spurenelement verbessert die Wundheilung, wirkt gegen Infekte – und ist entscheidend für die Regulation des Blutzuckers. Wichtig: Selbst pulen, denn die in Marokko oder im Osten geschälten Exemplare werden künstlich haltbar gemacht, was Geschmack und Vitalkraft beeinträchtigt.

Reizt zum Reinbeißen: Forelle Blau

FRISCHFISCH

Forelle Blau mit Wurzelgemüse
Von Klaus Neidhart

FORELLE

topfrische Forellen	2

BOUILLON

Wasser	1 l
Weißwein	2 dl
Weißweinessig	1 dl
Zwiebel, gespickt mit Nelke	1
Lorbeerblatt	1
Petersilie	1 Bund
Meersalz, Weißer Pfeffer	

GEMÜSE

Karotten	2
kleiner Lauch	1
kleiner Stangensellerie	1
kleine, neue Kartoffeln	4

ZUBEREITUNG

– **Fisch:** Wasser, Wein, Essig, Lorbeerblatt, Spickzwiebel und Petersilienstiele einmal aufkochen. Den Schleim der Forellen möglichst nicht abwaschen, sonst werden sie nicht blau. Forellen mit Petersilie füllen, in die nicht mehr kochende Brühe geben und 5 Minuten simmern lassen.

– **Gemüse:** Wurzelgemüse wie Möhren, Lauch, Stangensellerie in feine Streifen, „Julienne“, schneiden und in einem Pfännchen mit wenig Butter leicht andünsten. Mit Fischfond ablöschen und kurz köcheln lassen, pfeffern und salzen. Die Forellen mit Pfeffer aus der Mühle bestreuen und sofort mit dem Gemüse servieren.

– **Alternative:** „Blau“ geht mit allen frischen Schleimhautfischen wie etwa Forelle, Karpfen, Waller und natürlich Aal. Denn der berühmte „Aal grün“ der Berliner Küche ist nichts anderes als der in leicht kochendem Wasser gegarte Aal, der mit einer hellen Kräutersauce serviert wird – weshalb er „grün“ heißt.

– **Getränk:** Ein charakterstarker 2014er Chardonnay von Hermann Dörflinger passt bestens zu Fisch und Gemüse. Eine zarte, den Fisch nicht erschlagende Nase hat der Wein – und eine herzhafte Säure lässt die immerhin 13,5 Prozent Alkohol beschwingt vergessen.

WIE'S GUT TUT

Die hochwertigen, leicht verdaulichen Eiweiße der Forelle werden durch das vorsichtige Pochieren bestens erhalten. Viel gesünder lässt sich Fisch nicht zubereiten!

Ein herrliches Fischgericht, das einen kleinen „Haken“ hat: Die Forelle wird nur blau, wenn sie absolut frisch, am besten vom gleichen Tag ist. Dann ist alles ganz einfach: Einen Fischsud aufkochen, die Forelle kurz simmern lassen, das Wurzelgemüse leicht andünsten – und fertig ist der Klassiker der Binnenfische.

GAR KEIN GRAUS

Labskaus

ZUTATEN

kleine Kartoffeln	200 g
Thymian (frisch oder getrocknet)	½ TL
Sonnenblumen- oder Senföl	1 EL
Apfelessig	1 TL
Thymianzweig zur Garnitur	1
Rote Bete; möglichst frische kleine, die nicht geschält werden müssen	150 g
Koriandersamen	1 EL
Korianderkraut (1 Stängel zur Garnitur)	1 Bündel
Gemüsebrühe	1 EL
Balsamico	1 EL
Bio-Zitrone	1
gekochter und gepökelter Schinken	100 g
frischer Majoran, gehackt (1 Stängel zur Garnitur)	1 TL
Zwiebeln	100 g
gesalzene Heringsfilets (unbedingt gut entwässern!)	2
frische Zitronen-Verveine, geschnitten	1 TL
Verveine zur Garnitur	1 Zweig
Eier	2
Schnittlauch	1 Bund
möglichst saure Gewürzgurke	1

ZUBEREITUNG

— Salate: Fünf Salate anmachen: Kartoffel; Rote Bete; Schinken; Hering; Eier.

Kartoffeln schälen (außer neue), bissfest dünsten. In dünne Scheiben schneiden, mit Thymian, Essig, Öl, Salz, Pfeffer den Salat bereiten.
Rohe Rote Bete in eine Schüssel reiben. Eine Marinade untermengen aus: Zitronensaft, Zitronenabrieb, gemörsertem Koriander, gehacktem Korianderkraut, Gemüsebrühe, Balsamico, Salz und Pfeffer. Durchziehen lassen.
Schinken klein schneiden, mit dem Majoran mengen.
Zwiebeln und Heringe würfeln und mit der Verveine vermengen. Eier hart kochen, würfeln und mit Schnittlauchröllchen vermengen. Von jedem Salat einen Teil übrig lassen – und in einer Schüssel mischen. Das ist dann der eigentliche Labskaus.

— Anrichten: Um den Labskaus die 5 Salate legen: Kartoffelsalat mit Thymian-Zweig. Rote Bete-Salat mit Koriander-Zweig. Schinkensalat mit Majoran-Zweig. Heringssalat mit Verveine-Zweig. Eiersalat mit Schnittlauch. Gewürzgurke scheibeln, auf den Labskaus legen.

Natürlich gab es früher auf den Schiffen keine frischen Kräuter – aber eine kleine frische Brise sei mir bei dem Klassiker gestattet.

— Getränk: Einen kräftigen Rotwein braucht dieses kräftige Gericht. Ein passender Auftritt für den 2013er Spätburgunder Pommerner Zeisel von Alois Schneiders (076 72/25 50) aus Pommern an der Mosel. Ja, Sie lesen richtig: Rotwein und Mosel, eine seltene Kombination. Aber Alois Schneiders, der als einer der wenigen deutschen Winzer noch wurzelechte Riesling-Reben hat, erzeugt einen großartigen Spätburgunder. Mit 14 Prozent Alkohol hat er so viel Kraft, dass er den intensiven Salaten locker das Wasser reichen kann.

WIE'S GUT TUT

Der Kartoffelsalat liefert wenige, aber notwendige Kohlenhydrate. Der rohe Rote Bete-Salat frischt das Blut auf. Der Majoran macht den Schinkensalat verdaulicher. Der Heringssalat ist genauso wie der Eiersalat eine kleine Eiweißbombe, die Verveine-Stoffe hellen die Stimmung auf – und der Labskaus insgesamt: Der schmeckt einfach gut.

Thront gurkengekrönt mittenmang: Labskaus

Es gibt Gerichte, die scheinbar jeder kennt. Aber viele kennen meist nur die Vorurteile darüber. Denn wenige haben tatsächlich einmal Labskaus gegessen – über den der Koch Klaus Neidhart sagt: „Da ist drin, was sich früher auf wochenlangen Schiffspassagen gehalten hat: Kartoffeln, geräucherter Speck, Zwiebeln, Rote Bete, gesalzene Heringe und Eier, weil auch Hühner an Bord waren". Da die Seemänner durch Vitaminmangel oft schlechte Zähne hatten, wurden diese Zutaten meist zu einem wenig appetitlichen Brei vermanscht.

Zur Ehrenrettung des Seefahrerklassikers bereite ich die fünf Komponenten einzeln zu – und menge sie dann zusätzlich. Bitte probieren, Sie werden begeistert sein, wie sich aus der Not des Konservierens eine kulinarische Delikatesse zaubern lässt.

Heimat-Klassiker der 50er-Jahre: Russische Eier

ERSATZGESTÄRKT

Russische Eier mit Fisch und Salaten

EIER

Eier	4
Sardellenpaste	2 TL
in Salz eingelegte Sardellen, in Wasser „entsalzen“ und trocknen	4
Heringskaviar	4 EL
Lachsersatz	1 kleine Dose

SALATE

Sellerie	50 g
Möhren	50 g
Tafelspitz als dünne Scheibe	100 g
kleine Schalotte	½
Weißweinessig, Sonnenblumenöl, Salz, Pfeffer	

MAYONNAISE

Eier	2
Mariendistelöl	3 EL
Gewürztraminer	1 EL
Joghurt	1 EL
milder Senf	½ TL
Salz, Pfeffer	

ZUBEREITUNG

– Eier: Eier nur so hart kochen, dass das Gelbe weich bleibt, also etwa 7 Minuten lang. Halbieren, das Eigelb herausschaben, mit der Sardellenpaste mischen und wieder zurückfüllen. Jeweils auf einem Teller die beiden Eihälften platzieren – und jeweils einen TL Heringskavier vorsichtig aufhäufeln. Neben die Eier den Lachsersatz und vor die Eier einen Streifen Sardellen legen.

– Salate: Für den Gemüsesalat Sellerie und Möhren raspeln und leicht mit Essig, Öl, Salz, Pfeffer marinieren.
Für den Fleischsalat den Tafelspitz in feine Streifen schneiden, mit kleinst geschnittener Schalotte, Essig, Öl, Salz, Pfeffer vermischen. Die Salate hinter die Eier platzieren. Wem´s schmeckt (etwa mir), reicht noch feine Mayonnaise – und schon ist der über 150 Jahre alte Klassiker fertig.

– Mayo: Eigelbe, Öl, Senf, Wein, Salz und Pfeffer in einen Mixer mit Pürierstab geben und steif schlagen. Danach den Joghurt einrühren. Eiweiße schaumig schlagen und vorsichtig unterheben.

WIE'S GUT TUT

Die heringsartigen, gesalzenen Sardellen stärken mit ihren wertvollen Fetten das Immunsystem. Heringskaviar schmeckt erstaunlich gut, ist voller wertvoller Stoffe, etwa das chemische Element Phosphor, das zur Stabilisierung des pH-Wertes im Blut gebraucht wird. Das Öl der uralten Heilpflanze Mariendistel hilft gegen Umweltgifte wie etwa Schwermetalle und Stäube. Der Sellerie wirkt basisch, entsäuert also den Körper – und seine Polyphenole dämpfen Entzündungen.

Keine Feier ohne Russische Eier – das war ehernes Gebot unserer Familienfeste in den 50er- und 60er-Jahren. Grund für die Beliebtheit war wahrscheinlich, dass die Zutaten was her machten: „Kaviar“, auch wenn´s keiner war, und trotzdem war alles einigermaßen erschwinglich. Bewusst habe ich deshalb für das Rezept wieder diese Zutaten gewählt, also „Lachsersatz“, was ich sonst nie nehme und Sardellenpaste. Nur den Kartoffelsalat habe ich durch einen Gemüsesalat ersetzt. Das Spannende: Diese „Russischen Eier“ schmecken nicht nach Ersatz, sondern echt gut!

FARMACIA DEI SANI

Matjes mit Schnippelbohnen und Gurkensalat

ZUTATEN

Matjesfilets	2
Stangenbohnen	250 g
Knoblauchzehen	3
Bohnenkraut	1 Bündel
Sonnenblumenöl	1 EL
Rote Zwiebel	1
Salz, schwarzer Pfeffer	
Salatgurke	1
Knoblauchzehen	3
Joghurt	1 EL
Zitronensaft	1 TL
Balsamico	1 TL
Olivenöl	2 EL
Dill	1 Bund
Salz, Pfeffer	

ZUBEREITUNG

= Bohnen: Die Bohnen in dünne Streifen schneiden, schnippeln – so werden die oft harten Bohnen bekömmlicher. In gesalzenem und kochendem Wasser kurz blanchieren, so dass sie bissfest bleiben. Abschütten, aber das Bohnenwasser auffangen. Keine Angst, das giftige Eiweiß Phasin der rohen Bohnen wird durch das Kochen zerstört. Die Knoblauchzehen fein hacken und in einem Topf mit leicht erhitztem Olivenöl andünsten, dann die Bohnen und etwas von dem Kochwasser dazu geben und einige Minuten schwenken. Das Bohnenkraut in Streifen schneiden und unter die Bohnen mengen. Das Bohnenwasser mit frischem Majoran würzen und zu dem Gericht trinken.

= Fisch: Die Filets mit Zwiebelringen garnieren und jeweils auf einem Teller mit den Schnippelbohnen servieren.

= Salat: Für den Gurkensalat Knoblauch und Dill klein schneiden und in eine Marinade geben aus Joghurt, Zitronensaft, Balsamico, Olivenöl, Salz und Pfeffer. Die Gurke möglichst nicht schälen (Bio-Ware nehmen!), nicht entkernen. Auf einem Hobel in dünne Scheiben hobeln, in die Marinade geben und kurz ziehen lassen.

= Beilage: Sehr gut passen zu diesem Gericht junge Pellkartoffeln, die nicht geschält werden müssen. Dazu ein Esslöffel Leindotteröl mit seinem wunderbaren grasig-zitronigen Duft.

WIE'S GUT TUT

Bohnen enthalten den Wirkstoff Glukokinin, der ähnlich wie das zuckersenkende Insulin wirkt, allerdings nur in einer sehr schwachen Form. Das Auffangen des Bohnenwassers macht wertvolle Vitalstoffe verfügbar. Heringe, aus denen der Matjes hergestellt wird, gehören neben der Makrele zu den Fischen mit dem höchsten Gehalt an herzschützender und cholesterinsenkender Omega-3-Säure. Die „Genuss-Apotheke" krönen dann noch Gurkensalat und das schon von den Kelten geschätzte Leindotteröl: Das Kürbisgewächs entschlackt und zügelt zusammen mit dem Knoblauch auch zu hohen Blutzucker. Das Leindotteröl glänzt mit entzündungshemmenden Alpha-Linolensäuren – und Entzündungen sind ein wichtiger Diabetes-Auslöser.

Ein Geschenk der Natur ist dieses Gericht, das sich leicht zubereiten lässt: Im Fisch schwimmen herzschützende Fette, in den Bohnen wohnen sanfte, den Blutzucker regulierende Stoffe, die Gurken locken mit entschlackendem Elixier, im Leindotteröl zügeln fitte Fette Entzündungen. „Farmacia dei Sani" nenne ich deshalb dieses Gericht – nach einem apulischen Gasthaus. Das bedeutet „Apotheke der Gesunden". Ein passender Name für dieses vitale Gericht. Und auch in der Farmacia nahe dem Mittelmeer wird gesund gekocht mit wenig Kohlenhydraten, fitten Fetten von frischen Fischen. Salute!

Alle Rezepte sind für 4 Genießer

REZEPTE MIT GEMÜSE: GRÜNKRAFT

Tief ins kulinarische Gedächtnis eingegraben haben sich die Fleischgerichte. Tatsächlich gegessen wurde aber meistens etwas ganz anderes: Getreide als Brei, als Grütze, als Brot. Als dann um das Jahr 1750 Friedrich II. mit seinen „Kartoffelbefehlen" die aus Südamerika stammende Feldfrucht durchsetzte, erweiterte sich das Ernährungsangebot: Neben dem Brot wurden die Kartoffeln das zweite Grundnahrungsmittel.

Aber was ist mit Gemüse? Das war früher längst nicht das ganze Jahr über verfügbar und in Gegenden wie dem Allgäu, wo Salat schlecht wächst, sogar im Sommer rar. Selbst ich erinnere mich noch daran, wie mein Vater im Herbst Sellerie, Karotten, Rote Bete in feinem Sand eingrub, sodass wir bis ins Frühjahr unser Gemüse hatten.

Für mich das Beste, was Gemüse werden kann, ist „Leipziger Allerlei" – und es wundert mich, dass dieser Klassiker nicht viel mehr gegessen wird. Genauso verwunderlich ist, dass die Vitalitätsbombe „Grün Soß" praktisch nur rund um Frankfurt gegessen wird. Wie sich auch ein traditionelles Fleischgericht „grün" färben lässt, zeigt „Himmel und Ääd" mit Rote Bete statt Blutwurst.

Gemüse, das heißt für manche kategorisch vegetarisch, gar vegan. Auch in diesem Buch gibt es solche Rezepte. Aber sie heißen nicht so, weil mich der ideologische Anspruch stört, etwas „Besseres" zu sein. Denn es ist eben nicht so, dass alle Tiere Lebewesen und alle Pflanzen „tot" sind.

KÖNNEN „FÜHLEN": PFLANZEN

Pflanzen „reden" miteinander, Pflanzen „spüren" Verletzungen, Pflanzen können sich gegen Abreißen „wehren", so brennen etwa Brennnesseln beim nächsten Abreißen heftiger. Woher ich das weiß? Von der Basler Biologin und Chemikerin Florianne Koechlin, die davon berichtet, dass Pflanzen eine Art Immunsystem aufbauen können – möglicherweise gar so etwas wie Bewusstsein haben. Wer´s nachlesen will: „Pflanzenpalaver" heißt das Buch der Biologin. Visionär: Die Schweizer Verfassung schützt die „Würde der Kreatur", wozu ausdrücklich auch die Pflanzen zählen.

Konsequenz: Alle mögen essen, wie sie es für richtig halten – behelligen andere aber nicht mit ihrer Moralkeule. Wobei ich wie viele ganz gut mit einer Ernährung fahre, die Pflanzliches mit wenigem, aber dann sehr gutem Fisch und Fleisch kombiniert.

„She's a vegetarian, but me, I eat my meat" Keith Richards

Perfekt zu Radieschen: Pesto von den Blättern

FRÜHJAHRSPUTZ

Radieschenbrot mit Radieschenblätter-Pesto

RADIESCHENBROT

frische Radieschen, möglichst Bio	1 Bund
Bauernbrot	4 Scheiben
Schnittlauch	1 Bund
gesalzene Butter	
Meersalz	

PESTO

Blätter von den Radieschen	
krause Petersilie	1 Zweig
Gemüsebrühe	4 EL
kalt gepresstes Senföl oder Leindotteröl	2 EL
Quark	1 EL
Pfeffer aus der Mühle	1 Drehung
Zitrone	1 Spritzer

ZUBEREITUNG

Butterbrote schmieren, mit geschnittenen Radieschen belegen, mit frischem Meersalz würzen und mit Schnittlauchröllchen bestreuen. Für das Pesto Radieschenblätter und Petersilie grob hacken und zusammen mit den anderen Zutaten mixen. Ein Pesto herstellen und zum Radieschenbrot servieren.

WIE'S GUT TUT

Was die meisten wegwerfen, ist das Wertvollste an den Radieschen, denn die Blätter enthalten mehr Vitalstoffe als die rote Speicherknolle. Knollen und Blätter zusammen sind ein wahres Gesundheitselixier mit knochenstärkendem Phosphor, entzündungshemmender Salicylsäure und natürlich den Senfölen, wie sie auch im Meerrettich, in der Kresse vorkommen. Eine Art pflanzliches Antibiotikum sind die Senföle, die Bakterien und sogar Viren abtöten – und ihre segensreiche Wirkung besonders in den oberen Atemwegen entfalten. Gerade im Frühjahr hilft der Wirkstoffcocktail beim Durchputzen und Entschlacken des Körpers.

Wahrer Luxus ist das für mich: Ein Stück Bauernbrot, am besten im Holzofen gebacken. Bestrichen mit einer ausgezeichneten Butter. Dazu knackfrische Radieschen, in Scheiben geschnitten, aufs Brot gelegt. Für das Pesto ist es wichtig, absolut frische Bio-Radieschen zu bekommen, denn nur sie besitzen die volle Vitalkraft – und einigermaßen die Gewähr, dass sie nicht behandelt sind.

Meine Mutter konnte kochen – und kochte gern. Im Vergleich zur heute häufigen Brutzelei mit Fertigzutaten kochte sie erstaunlich modern: immer frisch, viel Gemüse, selbst geerntete Kräuter aus eigenem Garten. Sicher, es gab oft Fleisch, aber ein Gericht ist bis heute mein Lieblingsgericht geblieben: die Sauren Kartoffelrädle. Leider habe ich mich damals kaum für Rezepte interessiert, aber diese Zubereitung kommt dem „Originalgeschmack" von früher ziemlich nahe. Dazu gibt's natürlich Kopfsalat – für mich bis heute der König der Salate.

KINDHEITSMUSTER

Saure Kartoffelrädle meiner Mutter mit Kopfsalat

KARTOFFELRÄDLE

festkochende Öko-Kartoffeln	300 g
Vollkornmehl	75 g
Butter	50 g
Sonnenblumenöl	2 EL
Gemüsebrühe	1 dl
Essig	2 EL
Zwiebel	1
Nelken	2
Lorbeerblatt	1
Salz, Pfeffer	

KOPFSALAT

knackiger Kopfsalat	1
Schalotte	1
Petersilie, Schnittlauch, Liebstöckel, Zitronenmelisse	
Zitronensaft	1 Spritzer
Apfelessig	1 EL
Oliven- oder Sonnenblumenöl	3 EL
scharfer Senf	1 TL
Salz, Pfeffer	

ZUBEREITUNG

– Kartoffelrädle: Mehl mit der Butter anrösten. Mit der Brühe ablöschen. Essig, halbierte Zwiebel, die Gewürze dazu und rund 30 Minuten einkochen, sodass eine sämige Sauce entsteht. Die Kartoffeln halbweich kochen (siehe Anleitung), in dünne Scheiben schneiden – wenn die Kartoffeln noch neu sind, nicht schälen. Gewürze und Zwiebel aus der Sauce nehmen und die Kartoffeln hinein. Alles noch einige Minuten sanft fertig garen, dass die Kartoffeln noch Biss haben. Eventuell noch mit Essig nachwürzen.

– Spezial: Kartoffeln kochen:
Wenig Wasser (sodass die Kartoffeln gerade bedeckt sind) mit Salz und einem Schuss Öl zum Kochen bringen. Die Kartoffeln in den Topf, einmal aufkochen, dann rund 10 Minuten simmern lassen, bis sich eine Gabel leicht ein- aber nicht durchstechen lässt. Brühe in Tassen gießen, mit frisch geschnittenem Majoran würzen und zu den Rädle reichen.

– Salat: Die Kräuter, die Schalotte klein schneiden. Eine Marinade rühren aus Kräutern, Schalotte, Zitronensaft, Essig, Öl, Senf, Salz und Pfeffer. Die einzelnen Salatblätter von Hand klein zupfen und in die Marinade geben.

– Hinweis: Kopfsalat ist ein Sommergemüse. Schmeckt am besten von Mai bis September. In den anderen Monaten kommt er meist aus dem Treibhaus, ist längst nicht so gut.

WIE'S GUT TUT

Der Essig sorgt dafür, dass die Kohlenhydrate der Kartoffel nicht so schnell ins Blut gehen, was lästige Blutzuckerspitzen abfedert. Kartoffelwasser ist ein perfekter Basenbildner, was Entzündungsreaktionen dämpft. Öko-Kartoffeln schmecken besser und sind frei von künstlichem Dünger und Resten von Unkrautvernichtern.

SUPPENHOCHZEIT

Himmel und Ääd aus Rote Bete- und Apfelsuppe
Von Uwe Steiniger

ERDE

Gemüsebrühe	4 dl
Rote Bete, möglichst junge, die nicht geschält werden müssen	250 g
Saure Sahne	3 EL
frische Rote Bete-Blätter	4
Zitronensaft, Piment (Nelkenpfeffer), Salz	

HIMMEL

Gemüsebrühe	¼ l
kleine säuerliche Bio-Äpfel, etwa Boskoop	4
Saure Sahne	1 EL
Kurkuma	½ TL
Pfeffer, Salz	

EIWEISSWÖLKCHEN

Eiweiße	2
Salz, Muskat	
Essig	
Schnittlauch	1 kleiner Bund

ZUBEREITUNG

= **„Erde“:** Die Bete würfeln und in der Brühe al dente kochen. Je „dentiger“, je besser, denn durchgekocht wird die Rübe leicht zur „Zuckerbombe“. Blätter klein schneiden und mit den gekochten Beten pürieren. Saure Sahne zufügen, mit Piment, Salz und Zitronensaft abschmecken.

= **„Himmel“:** Bio-Äpfel nicht schälen, vierteln, Kernhaus entfernen, anschließend in der Brühe kurz garen. Sahne, Kurkuma zufügen und pürieren. Mit Pfeffer und Salz abschmecken.

= **Anrichten:** Beide Suppen sollten eine sämige Konsistenz haben. Auf den erwärmten Tellern jeweils von links Rote Bete-Suppe und von rechts Apfelsuppe angießen, aber nicht vermischen. Die Eiweiße steif schlagen, mit wenig Salz und Muskat würzen und in heißem, aber nicht kochendem Wasser mit wenig Essig pochieren – und wie „Wolken“ auf den Suppen verteilen. Alles mit Schnittlauchröllchen bestreuen.

= **Getränk:** Es muss nicht immer Alkohol sein! Jörg Geigers PriSecco ist ein ungemein vielschichtiges Getränk aus der alten Sorte Rheinischer Bohnapfel und dem Diabetiker-Gemüse Topinambur. Der spät reife Apfel muss erst „schwitzen“, der Topinambur wird erst gebacken, damit beide ihr volles Geschmacksspektrum entfalten. Mich begeistert vor allem der herb-intensive Duft des schaumstabilen „Sekts“, der gut mit den Suppen harmoniert. Es lohnt sich unbedingt, die vielen anderen alkoholfreien Spezialitäten zu probieren, die der innovative Streuobstpapst aus Schlat entwickelt hat! Seine Manufaktur ist zu erreichen unter 07161/999 02-24.

WIE'S GUT TUT

Die Gemüsebrühe entsäuert, die Rote Bete ist eine Vitalstoffbombe, die das Herz schützt, das Altern verzögert und beim Abnehmen hilft. Die Pektine der Naturapotheke Apfel senken den Cholesterinspiegel, die Flavonoide, also die Pflanzenfarbstoffe, können das Krebsrisiko senken. Wichtig: Über 70 Prozent der Vitalstoffe sind in den Schalen, deshalb nicht schälen – und Bioware kaufen! Hochwertiges Hühnereiweiß hebt die Laune und macht fit.

Fleischfreudig ist die Küche des Bergischen Landes hinter Köln, wo Uwe Steiniger sein Genussatelier betreibt. Mit dem Koch konzipiere ich seit Jahren für Events des Kirchheim-Verlags Gerichte, die Gesundheit und Genuss verbinden. Also bat ich ihn um ein Rezept für den Kölschen Klassiker „Himmel und Ääd“, diese Verbindung aus erdenschwerer Flönz, also Blutwurst, und himmelstürmenden Äpfeln. Erstaunt war ich über sein Rezept, das er mir schickte: Erdige Rote Bete statt Blutwurst – und himmlische Apfelsuppe. Aber es schmeckt, nur ein befreundeter Metzger meinte kopfschüttelnd: „Hoffentlich kommt er wieder zur Besinnung“.

Schwebend über Suppen: Eiweißwölkchen

BASEN-BASIS

Gemüsesuppe mit Blumenkohl

GEMÜSEBRÜHE

großer Sellerie	1
dicker Lauch	1
Karotten	4
Petersilienwurzel	1
Pastinake	1
große Kartoffel	1
Rote Bete	1
Zwiebel	1
Knoblauchzehen	3
Scheibe Ingwer	1
grobes Salz	1 EL
Olivenöl	2 EL
Wasser	1½ l

Korianderkörner	10
Pimentkörner	5
Gewürznelkenblüten	3
Kardamomsamen	4
Muskatblüten	4
Lorbeerblätter	2
Thymian	1 Zweig
Rosmarin	1 Zweig

BLUMENKOHLEINLAGE

kleiner Blumenkohl	1
Lavendelblätter	
Lavendel	1 Zweig
Muskat, Pfeffer	

ZUBEREITUNG

– Basis-Brühe: Alle Gemüse in kleine Würfel schneiden. Zwiebel, Knoblauchzehen und Ingwer in Streifen schneiden. Je kleiner alles geschnitten ist, desto größer ist die Oberfläche, desto intensiver wird die Brühe. In einem großen Topf bei mittlerer Hitze alles sanft anrösten. Nach einigen Minuten Olivenöl angießen und rund 5 Minuten unter ständigem Rühren weiterrösten. Die Gewürze mörsern, die Kräuter grob schneiden und mit dem Salz zugeben. Runde 5 Minuten weiter rühren, bis sich ein intensiver Duft entfaltet – ein Duft, welcher der Brühe das intensive „Fleisch-Aroma“ verleiht. Mit rund einem Liter Wasser (ich nehme St. Leonhardsquelle) auffüllen und einmal langsam aufkochen lassen. Dann runde 10 Minuten bei kleinster Hitze simmern lassen. Wer mag, gibt noch gemahlene Kurkuma dazu, was eine schöne Farbe ergibt.

– Blumenkohleinlage: Vom Blumenkohl für die Suppe die Röschen abschneiden und die festen Teile wie eine Zwiebel klein schneiden. Alles zusammen mit den fein geschnittenen Lavendelblättern in einem Pfännchen zuerst ohne Fett und dann mit Olivenöl anrösten – und dann 5 Tassen von der abgesiebten Brühe angießen. Einmal kurz aufkochen, mit Muskat und Pfeffer, wenig Salz (ist schon in der Brühe) würzen, kurz simmern und mit einem Lavendelzweig, möglichst mit der schönen blauen Blüte, dekorieren.

– Alternative: Natürlich geht diese Suppe auch mit anderen Gemüsen, etwa Brokkoli, Möhren, Rosenkohl und jungem Spitzkohl, der sich bestens mit Schwarzkümmel und Sahne verträgt.

WIE'S GUT TUT

Die Gemüse in der Brühe wirken basisch, helfen gegen die Übersäuerung des Körpers, Gewürze und Kräuter bekämpfen Entzündungen. Mit seinen Ballaststoffen zählt der Blumenkohl zu den gesündesten Gemüsen. Der Kreuzblütler prunkt mit einem Vitalcocktail, vor allem auch Magnesium, was das Insulin besser wirken lässt – und so den Blutzucker balanciert. Manche Forscher attestieren dem Blumenkohl sogar krebspräventive Eigenschaften. Lavendel beruhigt Nerven und Magen.

Eine Gemüsebrühe, die so gut schmeckt wie eine Fleischbrühe – geht das? Ja, das geht! Lange habe ich experimentiert, bis mir sogar Profiköche sagten: „Donnerwetter, ohne Knochen und Fleisch, beachtlich“. Für mich ist diese Brühe deshalb wichtig, weil sie die Basis meiner meisten gedünsteten Gemüsezubereitungen ist – und weil sie basisch ist. Was bedeutet, dass sie im Gegensatz zu einer Fleischbrühe viel weniger Gicht-gefährliche Purine enthält. Die Zubereitung erfordert Zeit, aber die Mühe lohnt sich, denn die Brühe kann aufgekocht oder abgesiebt tagelang verwendet werden. Einen spannenden Auftritt hat die Essenz beim „Schweinebauch im Gemüsesud“ auf Seite 20.

LIEBER EHRLICH

Maultaschen mit Spinatfüllung

MAULTASCHEN

Dinkelvollkornmehl	100 g
Buchweizenmehl	100 g
Eier	2
Salz	1 Prise
Sonnenblumenöl	1 EL
Spinat	200 g
Knoblauchzehen	2
Olivenöl	1 EL
Muskat, Salz, Pfeffer	

ZUBEREITUNG

– **Maultaschen:** Mehl und Salz in eine Schüssel geben, eine Kuhle bilden und die Eier zugeben. Die Masse zu einem glatten Teig kneten – und zwar so lange, bis er ganz glatt ist und sich von der Schüssel löst.

Ausrollfläche mit wenig Mehl bestäuben und den Teig so dünn wie möglich ausrollen. Zirka 10 Zentimeter große Quadrate ausstechen – und belegen mit Spinat, der so zubereitet wird: Knoblauchzehen klein schneiden und in einer Pfanne mit Olivenöl andünsten. Gewaschenen Spinat zugeben und wenige Minuten bissfest garen. Salzen, pfeffern und muskaten. Spinat klein schneiden und auf die untere Maultasche geben. Ränder mit klebendem Eiweiß bepinseln und die obere Teighälfte fest andrücken. Im siedenden Salzwasser zwischen 10 und 20 Minuten je nach Füllung ziehen lassen.

WIE'S GUT TUT

Spinat hilft, den Cholesterinspiegel zu senken. Und die oft verteufelten Nitrate in dem Gemüse werden in Stickstoffmonoxid umgewandelt, was Entzündungen eindämmen kann.

„Herrgottsbscheißerle" heißen Maultaschen oft, weil die Christen in der Fastenzeit gerne statt Gemüse heimlich Fleisch in den Taschen versteckten. Doch wir haben nichts zu verbergen, füllen den hauchdünn ausgewalzten Teig mit frischem Spinat.

SCHNELLSCHUSS

Kohlroulade mit Walnuss-Möhren-Füllung

KOHLROULADE

große Weißkohlblätter	4
Ziegenfrischkäse	1
Möhren	2
Topinamburen	2
Walnusskerne	10
Ei	1
Salz, Pfeffer	

ZUBEREITUNG

Die Kohlblätter in heißem Wasser kurz blanchieren. Die Gemüse ganz klein schneiden, die Walnüsse fein hacken. In einer Schüssel die Gemüse, die Walnüsse mit dem Frischkäse und dem aufgeschlagenen Ei vermischen und anschließend auf die Blätter verteilen. Von der breiten Seite her aufrollen, zusammen binden und bei 150 Grad rund 20 Minuten im Ofen garen.

WIE'S GUT TUT

Der Kohl liefert wichtige Ballaststoffe, die Topinamburen verfügen über ein mehrkettiges Kohlenhydrat, das Inulin, das Blutzuckerspitzen dämmt.

Ganz schnell, ganz einfach geht dieses Gericht, das sich ideal als Vorspeise oder als Zwischengericht eignet.

FRÜHLINGSLUST

Leipziger Allerlei
Von Klaus Neidhart und Christian Dierich

GEMÜSE

kleine Kohlrabi	2
Karotten	2
Erbsen	6 EL
Zuckerschoten	5
Spargel, gemischt grün und weiß	10 Stangen
Frühlingszwiebeln	4
Frühlingsmorcheln, möglichst frisch	16
Flusskrebse, abgekocht und ausgebrochen	16
Frischer Kerbel	
Butter, Salz, Muskat	
Zitronenabrieb	

KREBSBUTTER

Karkassen der Krebse	
Olivenöl	1 EL
Karotten	2
kleiner Fenchel	1
sehr kleiner Sellerie	1
Tomatenmark	1 EL
Cognac	1 Schuss
Noilly Prat	1 Schuss
Weißwein	1 Schuss
Butter	2 EL

ZUBEREITUNG

– Gemüse: Die Gemüse würfeln (die Zuckerschoten ganz lassen) und in heißem Wasser kurz blanchieren. In eiskaltes Wasser geben, damit die Farbe und Vitalstoffe erhalten bleiben. Das blanchierte Gemüse in Butter andünsten und mit der Blanchierbrühe ablöschen. Salzen, muskaten und warm stellen.

– Krebsbutter: Für die Krebsbutter die Karkassen der Krebse mit klein geschnittenem Wurzelgemüse (etwa Sellerie, Karotte, Fenchel) in wenig Olivenöl anrösten. Das Tomatenmark zugeben und anrösten, bis es leicht karamellisiert. Das baut die Säure ab, küsst die zarte Süße wach. Mit Cognac ablöschen und flambieren. Dann den Weißwein, den aromatischen Wermut Noilly Prat und einen Schuss kaltes Wasser (entfaltet das Aroma) angießen. Anschließend langsam sieden lassen, durch ein Sieb passieren und auf kleiner Flamme einreduzieren. Später kalte Butter einmontieren, was die Sauce bindet und schmackhaft macht.

– Krebse: Die Morcheln mit klein geschnittenen Zwiebeln in geschmolzener Butter rund 3 Minuten lang leicht anschwitzen, mit Cognac ablöschen. Die Krebse in kochendem Salzwasser 2 Minuten lang ziehen lassen, dann im Eiswasser abschrecken. Anschließend in der Krebsbutter schwenken.

– Anrichten: Zum großen Finale Gemüse, Morcheln und krebsbuttergeschwängerte Krebse vermählen. Zitronenabrieb, feinst gewiegten Kerbel darüber – und noch einmal abschmecken.

– Getränk: Der ideale Wein zu diesem Gemüseklassiker ist ein 2014er Grauer Burgunder Kabinett von Hermann Dörflinger aus Müllheim. Der kraftvolle, badisch-trockene (also mit unter 2 Gramm Restzucker) Wein harmoniert gut mit dem Gericht. Wer es noch kräftiger mag, nimmt aus demselben Jahrgang die Spätlese mit dann 13,5 Prozent Alkohol.

WIE'S GUT TUT

So großartig wie das Allerlei schmeckt, so wohltuend ist es auch: Die Gemüse sind ein belebendes Elixier, vor allem die Erbsen mit ihren pflanzlichen Eiweißen. Reichlich Proteine spenden auch die Krebse. Die nur wild wachsenden Morcheln sind ungeheuer geschmacksstark und vermitteln ein schnelles Sättigungsgefühl, was der schlanken Linie nützt.

Feiner Dreiklang: Gemüse, Krebse, Morcheln

Es zählt zu den bekanntesten deutschen Gerichten – und es ist das mit dem miserabelsten Ruf: Leipziger Allerlei. Das kommt daher, dass dieser Klassiker von der Fertiggerichtindustrie zu einem lieblosen Dosenfraß und von den Großkantinen zu einem undefinierbaren Gemüsebrei verkocht wurde. Wird das Allerlei aber raffiniert zubereitet, so wie es Klaus Neidhart vom „Gottfried" in Moos und Christian Dierich für dieses Gericht getan haben, ist es ein Gemüsegericht (mit einer kleinen Krebseinlage), das zu den besten der Welt gehört. Allerdings: Es ist ein wenig aufwendig. Aber es lohnt sich – natürlich vor allem im Frühling, wenn die Gemüse noch jung und zart sind.

Gut seit Goethes Zeiten: Grün Soß

GEISTESBLITZ

Grün Soß à la Goethe mit Leinsamenkartoffel

GRÜN SOSS

Grün Soß-Kräuter. Das sind: Petersilie, Sauerampfer, Borretsch, Kerbel, Kresse, Schnittlauch und Pimpinelle	250 g
hartgekochte Eier	2
kleine Zwiebel	1
Knoblauchzehe	1
Gewürzgurke	1
Senf	1 EL
Schmand (oder Sauerrahm)	1 dl
Bio-Zitrone	1
Balsamico	1 Schuss
Salz, Pfeffer	

LEINSAMENKARTOFFEL

kleine, neue Bio-Kartoffeln	4
Leinöl	4 EL

ZUBEREITUNG

– **Grüne Soß:** Die Kräuter grob zerkleinern. Zwiebel und Knoblauch in Streifen schneiden. Alles in einen Mixbehälter geben zusammen mit Schmand, Zitronenabrieb, Zitronensaft, Senf, Balsamico, Salz, Pfeffer. Mixen, die klein gewürfelte Gurke untermischen und über die halbierten Eier gießen.

– **Kartoffeln:** Für die Kartoffeln wenig gesalzenes Wasser zum Kochen bringen, einen Schuss Olivenöl und ein Lorbeerblatt zugeben. Jetzt erst die Kartoffeln in das Wasser, knapp 15 Minuten im nicht kochenden Wasser ziehen lassen. Die Kartoffeln nicht pellen (außer es sind ältere Exemplare), denn in der Schale sind Geschmack- und Vitalstoffe. Kartoffeln halbieren und mit dem Leinöl übergießen.

– **Alternative:** Statt zu Pellkartoffeln kann die Soß auch sehr gut zu Tafelspitz, Ochsenbrust oder Fisch gegessen werden. Dann möglicherweise die Eier weglassen.

WIE'S GUT TUT

Goethe, unserer Geister größter einer, liebte dieses Gericht. Vielleicht liegt hier das Geheimnis, warum sich der Geheimrat bis ins hohe Alter seine geistige Frische und ein hellwaches Interesse am weiblichen Liebreiz bewahrte. Die Soß ist eine wohlabgestimmte, fast schon verschreibungspflichtige Kombination: Petersilie reinigt das Blut; Sauerampfer entschlackt; Borretsch beruhigt; Kerbel entgiftet; Kresse bremst Blutzuckeranstiege; Schnittlauch senkt den Cholesterinspiegel; Pimpinelle bekämpft Entzündungen.

Auch der Welterklärer Alexander von Humboldt schwörte auf eine Mischung aus frühlingsfrischen Kräutern – und schrieb für deren Zubereitung sogar eine genaue Anweisung.

Während die Schweinshaxe unter wechselnden Namen als nationales Kulturgut überall vertreten ist, bleibt die Grün Soß weitgehend auf Frankfurt und Umgebung beschränkt. Jammerschade ist das, denn es gibt kaum ein vitalisierenderes Gericht als diese Mischung aus sieben Kräutern. Besonders gut schmeckt´s im Frühjahr und im Sommer, wenn alles frisch erhältlich ist. Wie in diesem Rezept aß Goethe die Soß am liebsten.

SCHWABENSTREICH

Linsen mit Saitenwürstle und grünen Spätzle

LINSEN

Linsen, etwa die guten Alb-Leisa	200 g
Karotten	50 g
Petersilienwurzel	20 g
Zwiebeln	50 g
Bauchspeck	50 g
kleiner Knoblauch	1
Lorbeerblatt	1
kleine Tomate	1
Gemüsebrühe	½ l
Weißweinessig	2 EL
Salz, Pfeffer	
Quellwasser	¼ l

SPÄTZLE

Dinkelmehl	150 g
kleiner Bund Petersilie	1
Eier	3
Salz	½ TL
Saitenwürstle	2 Paar

ZUBEREITUNG

= Linsen: Die Linsen 6 Stunden in Quellwasser (etwa St. Leonhards) einweichen. Die Linsen abtropfen lassen, Einweichwasser auffangen. Die Gemüse würfeln, Speck in einem Topf auslassen. Das Gemüse dazugeben und anschwitzen. Die abgetropften Linsen dazu, alles gut durchrühren. Mit Gemüsebrühe und dem Einweichwasser auffüllen, Lorbeerblatt, gewürfelte Tomate und den gewürfelten Knoblauch zugeben und rund 45 Minuten sanft köcheln. Erst jetzt salzen, pfeffern und mit dem Essig sehr pikant abschmecken.

= Spätzle: Für die Spätzle Mehl, Eier, Salz und kleinst geschnittene Petersilie in eine Schüssel geben und mit einem Holzlöffel zu einem zähen Teig verrühren und so lange schlagen, bis der Teig Blasen wirft. Ist der Teig zu fest, etwas kaltes Wasser angießen. Den Teig in einen Spätzlehobel (schwäbische Profis schaben vom Brett) geben und dünne Teigstreifen (geht mit schnellem Hin und Her) in einen Topf mit kochendem Wasser hobeln. Einmal aufkochen und mit einer Schaumkelle in kaltem Wasser kurz abschrecken.

= Saitenwürstle: Die Saitenwürstle heißen nach dem dünnen Darm, der Saite. Sie werden ähnlich wie die Wienerle und Frankfurter aus mehr Schweine- als Rindfleisch hergestellt und sind leicht angeräuchert. Die Würste im heißen, nicht kochenden Wasser (damit sie nicht platzen) rund 10 Minuten lang simmern lassen.

= Getränk: Ein spannender Wein zu diesem kräftigen Gericht ist der 2013er Silvaner „Heimat" von „2 Naturkinder" aus dem fränkischen Kitzingen. Das ist ein unfiltrierter, durchgegorener Naturwein von einem aufstrebenden kleinen Gut, der spontan vergoren, praktisch nicht geschwefelt wird – und mit seiner leicht orangen Farbe einen völlig neuen, erdigen Weingeschmack definiert, den „Vin Naturel". Der einzige Nachteil: Es gibt nur 550 Flaschen davon – aber es lohnt sich, nach Weinen dieses Typs zu suchen. Eine gute Adresse dafür ist der Kölner Laden „La Vincaillerie".

WIE'S GUT TUT

Wie beschrieben, enthält dieses Gericht eine kluge Kombination aus den wichtigsten Nahrungsbestandteilen Fett, Eiweiß und Kohlenhydraten – und wer die Linsen keimen lässt, erhält sogar das volle Spektrum der essenziellen Aminosäuren. Aber wo viel Licht ist, gibt es auch ein wenig Schatten: Linsen enthalten Purine, und die sind für Menschen mit hohen Harnsäurespiegeln gefährlich, weil sie Gicht-Attacken auslösen können. Dann lieber auf die über 8 000 Jahre alte Hülsenfrucht verzichten.

Da lacht das Schwabenherz – und der Ernährungsberater freut sich. Denn dieses frühere Armeleute-Gericht hat es gleich doppelt in sich: Es schmeckt hervorragend, vor allem in meiner Version, wo ich die Linsen mit Gemüse, Gewürzen und Speck kulinarisch adle, und wo ich die Spätzle mit Petersilie „ergrünen" lasse. Aber die Dreier-Kombination ist auch ein ernährungsphysiologischer Schwabenstreich: Die bewusst kleine Portion Spätzle (rund 3 Esslöffel pro Person) liefert sättigende Kohlenhydrate. Die schlummern als wertvolle Ballaststoffe auch in den Linsen – plus leicht verwertbare Proteine. Eiweiße enthalten auch die Saitenwürstle – und die sind auch noch eine wertvolle Quelle für hochwertige Fette.

NIMM'S LEICHT

Kässpätzle mit Spitzkohl

ZUTATEN

Dinkelgrieß	½ Tasse
„Goldhirse“, gekeimte Hirse aus dem Ökomarkt (frisch vermahlen)	½ Tasse
Buchweizen (frisch vermahlen)	½ Tasse
Weizenmehl (1050, also nicht ganz fein vermahlen)	1 Tasse
frisch gemahlene Haselnüsse	1 EL
Salz	½ EL
Eier	3
Wasser	2 dl
Gruyère-Käse	200 g

SPITZKOHL

Spitzkohl (rund 500 Gramm; es gehen auch Wirsing oder Weißkohl)	1
Schwarzkümmel	1 EL
Olivenöl	2 EL

ZUBEREITUNG

= Spätzle: Dinkel, Hirse, Buchweizen, Weizenmehl und Haselnüsse mit Wasser, Eiern und Salz zu einem Teig anrühren. So lange kräftig schlagen, bis er Blasen wirft. Den Teig nach und nach durch die Spätzlepresse in kochendes Salzwasser drücken. So lange kochen, bis die Spatzen an die Oberfläche steigen; mit dem Schaumlöffel die Spatzen nach jedem Pressvorgang herausheben und warm stellen.

= Spitzkohl: Den Spitzkohl halbieren, den Strunk herausschneiden und wie eine Zwiebel klein schneiden. Die restlichen Blätter in feine Streifen schneiden. In Olivenöl das „Zwiebel“-Klein sowie den Schwarzkümmel andünsten, dann die restlichen Blätter zugeben und mit ein wenig Spätzlewasser bissfest garen.

Nun eine Lage Spätzle in eine flache, gebutterte Porzellanschüssel geben. Darüber die Hälfte des Käses hobeln und mit der Hälfte des Kohls belegen. Ein wenig Spätzlewasser und Olivenöl angießen. Darüber dann die zweite Lage Spätzle – und wieder mit Käse und Kohl belegen. Wieder mit Spätzlewasser und Olivenöl benetzen und zum Schluss ein paar Butterflocken darüber streuen. Im vorgeheizten Ofen bei 180 Grad den Käse knapp 10 Minuten schmelzen lassen.

WIE'S GUT TUT

Hirse wirkt alkalisch, also entsäuernd. Der mit dem Rhabarber verwandte Buchweizen (der kein Getreide ist) besitzt alle essenziellen (also vom Körper nicht selbst herstellbaren) Aminosäuren und ganz besonders viel immunstärkendes Lysin. Der Schwarzkümmel fördert mit seinen Bitterstoffen die Verdauung, seine ätherischen Öle attackieren Bakterien und senken den Cholesterinspiegel. Der zarte Spitzkohl bietet eine breite Palette an nervenstärkenden B-Vitaminen und einen hohen Gehalt des Mega-Vitamins C, das vor Infektionen schützt und die Bildung von Hormonen unterstützt.

Drei „Heimaten“ verbindet das Gericht: Allgäu, Schweiz, Vorarlberg – und heißt jeweils ein wenig anders: Kässpätzle, Chäsknöpfli und Käsknöpfle. Gemeinsam ist allen Varianten, dass Spätzle und Käse übereinander geschichtet werden. Klingt schwer, ist schwer – weshalb ich die Spatzen „erleichtert“ habe. Zuerst habe ich die Mehle leicht entschlackt. Um die Mehlfluten weiter zu bändigen, habe ich noch Spitzkohl in das Gericht geschmuggelt. Das Ergebnis? Es schmeckt richtig gut – sodass meine Gäste begeistert zugeschlagen haben – und viel mehr als von „normalen“ Kässpätzle gegessen haben. Tja, so kann´s gehen.

VORSORGE

Grünkohl mit Mettwurst und Chicorée-Salat

GRÜNKOHL

fette, weiche Mettwurst (keine Teewurst!)	1
Grünkohl	300 g
frische Walnüsse	50 g
Knoblauchzehe	1
Gemüsebrühe	1 dl
Walnussöl	1 Spritzer

CHICORÉE-SALAT

kleine Chicorée-Stangen	4
kleiner Apfel (Topaz eignet sich gut)	1
frische Walnusskerne	6
glatte Petersilie	½ Bund
Zitronensaft	1 TL
weißer Balsamico	1 TL
Olivenöl	2 EL
Walnussöl	1 TL
Salz, schwarzer Pfeffer	

ZUBEREITUNG

= **Kohl und Wurst:** Die Wurst in kleinfingerdicke Scheiben schneiden. Die dicken Rispen von den Kohlblättern auslösen und feinst schneiden. Erst die Wurst, dann die Rispen in der beschichteten Pfanne mit dem ausgetretenen Fett sanft andünsten. Danach die Nüsse dazu und leicht rösten. Wurst, Rispen und Nüsse auf einen Teller legen, aber das Fett in der Pfanne lassen. Die zerquetschte Knoblauchzehe und den geschnittenen Grünkohl in die Pfanne, sanft andünsten, mit der Gemüsebrühe ablöschen. Bei milder Hitze bissfest garen. Zum Schluss wieder Wurst, Rispen und Nüsse in die Pfanne, alles leicht mengen, das Walnussöl darüber träufeln, aber nicht mehr erhitzen. Nicht salzen!

= **Chicorée-Salat:** Den Salat waschen und erst dann in Streifen schneiden, Apfel würfeln, Nüsse klein wiegen, genauso die Petersilie. Aus Zitronensaft, Balsamico, Petersilie, Salz, Pfeffer eine Marinade rühren, dann Oliven- und Walnussöl zugeben. Salat, Apfel, Nüsse vermengen und mit der Marinade vermischen.

= **Alternative:** Wer keine Wurst mag, kann das Gemüse natürlich auch mit Olivenöl andünsten. Wichtig ist nur, dass alles bei milden Temperaturen passiert.

Als das ernährungsphysiologisch wertvollste Gemüse gilt der Grünkohl. Trotzdem löst der nach ihm benannte „Kohl mit Pinkel" kaum kulinarische Hochgefühle aus. Was wohl daran liegt, dass „Pinkel" als Mischung aus durchgedrehtem Fleisch sowie Grütze, also Getreide, eher von der schweren Art ist. Außerdem ist der Kohl oft verkocht, was den Vitalgehalt gegen Null gehen lässt. Schade um ein Traditionsgericht, das aber in meiner Version hohe kulinarische und präventive Qualitäten entwickelt.

WIE'S GUT TUT

Ein wahres „Superfood" ist neben dem Brokkoli der Grünkohl: Die herrlich grünen, vor Chlorophyll strotzenden Blätter bieten eine ausgewogene Mischung aus Vitaminen, Mineralien, Proteinen – und hier vor allem sehr viele entzündungshemmende Omega-3-Fette. Zu loben sind auch die abführenden Ballaststoffe und die vielen sekundären Pflanzenstoffe, wie die antioxidativen Carotinoide, denen krebspräventive Eigenschaften zugesprochen werden. Reichlich Ballaststoffe schlummern auch im Chicorée, dessen sanfte Bitterstoffe die Fettverbrennung in der Leber anregen, was der schlanken Linie dient. Bleibt zu erwähnen: Auch in der Wurst tummeln sich reichlich fitte Omega-3-Fette.

60
5
10
15
20
25
30
35
40
45
50
55
pacer
MADE IN
GERMANY

FAST FOOD: SCHNELLFIT

Liebevoll beschworen wird gern dieses Idyll: Mutter, Vater, Kinder sitzen um den Tisch, essen gemeinsam selbst Gekochtes – und das täglich zur gleichen Stund. Gelingt das, ist es ideal, der rituelle Rhythmus zügelt übermäßige Esslust, hält schlank. Ich weiß, wovon ich rede: So bin ich aufgewachsen. Aber dieses Idealbild ist je länger je mehr ein Trugbild, das nicht mehr der Lebenswirklichkeit der meisten entspricht. Tatsächlich ist unser Essen so mobil wie unser Leben: im Gehen, im Stehen, unterwegs, zu jeder beliebigen Stunde.

Werten will ich das hier nicht. Aber es erklärt, warum ich dem Fast Food einen gebührenden Platz einräume. Wobei es ja nicht so ist, dass die Deutschen im schnellen Essen keine Tradition haben: Unsere „Bütterchen", unsere belegten Brote, sind mit gutem deutschem Brot, herzhafter Wurst den lapprigen Sandwich-Varianten britischer Provenienz geschmacklich um Lichtjahre überlegen. Unsere Bulette oder Frikadelle erlebt in abgeänderter, leider schlechterer Form als Burger eine Weltkarriere. Vor einer solchen steht womöglich unser in Berlin erfundenes Nationalgericht Currywurst. Immerhin wird schon allein die VW-Currywurst über sechs Millionen mal verkauft.

Gute Currywurst schmeckt, sicher. Aber sie kann auch einen Beitrag zur Fitness leisten, wie ich mit „Lauber´s Hanswurst" zeige. Die Bratwurst adle ich mit stärkendem Bockshornklee – und das Ketchup süße ich statt mit Zucker sanft mit natürlicher Stevia. Fitnesspower pur ist auch der Handkäs mit Musik, den es in jeder Äppelwoi-Kneipe gibt: Der Harzer prunkt mit fitten Eiweißen und ist auch ein wahrer Schlankmacher. Stolz bin ich auch auf meine Version des Fast Food-Klassikers Toast Hawaii: Den habe ich mit Birne und Ziegenkäse badisch geerdet, und er schmeckt jetzt noch besser!

MACHT DEN MAX NOCH STRAMMER: SCHWARZWALD-VIAGRA

Was ich auch von früher als schnelles Gericht kenne: „Strammer Max". Nun lernte ich für dieses Buch, worauf das „stramm" beim Max anspielt. Prompt habe ich dem Gericht auch noch eine stärkende „Schwarzwald-Viagra" gespendet, ein Elixier mit einem über 2 000 Jahre alten Aphrodisiakum, der Brennnessel.

Ob´s wirkt, wird sich weisen. Sicher ist, dass es schmeckt – wie auch die anderen Gerichte, für die niemand mehr ein schlechtes Gewissen haben muss, wenn´s denn mal schnell gehen muss.

„LAUBER'S HANSWURST“

Currywurst mit selbst gemachtem Ketchup

WURST

Bratwürste	4

KETCHUP

vollreife Tomaten	1 Pfund
getrocknete Tomaten, in Streifen geschnitten	100 g
Olivenöl	2 EL
Balsamico	4 cl
Rotwein	4 cl
Knoblauchzehen	2
Schalotte	1
Lorbeerblatt	1
Gewürznelke	1
Piment-Körner	2
Sternanis	½
Chili	½ TL
frische Stevia-Blätter	5

SPEZIAL-CURRY

Currypulver	2 TL
Bockshornkleesamen	½ TL
Zimt	½ Stange

ZUBEREITUNG

= Würste: Das Gericht geht prinzipiell natürlich mit jeder Bratwurst. Optimal gelingt es aber mit „Lauber´s Hanswurst“ aus der Landmetzgerei Senn in Eimeldingen bei Lörrach. Metzger Martin Senn macht die Wurst mit selbst geschlachtetem Rind- und Schweinefleisch. Außerdem ersetzt er einen Teil des Fettes durch die Diabetes-freundliche „Stärke“ Inulin, sodass die Wurst viel fettärmer ist als die übliche Ware – und trotzdem sehr gut schmeckt! Eingearbeitet ist gerösteter Bockshornklee. Das gibt einen herrlich nussigen Geschmack, überdies gilt das Foenum graecum als ein natürlicher Blutzucker-Balancierer.

Hier kann die Wurst bestellt werden: Metzgerei Senn, Hauptstraße 28, 79591 Eimeldingen, 07621/62 598. Vier vakuumverpackte Würste kosten 6 Euro. www.partyservice-senn.de

= Ketchup: Für das Ketchup die klein geschnittene Schalotte und Knoblauch im Olivenöl andünsten, dann die gewürfelten Tomaten, das Lorbeerblatt dazu, ständig umrühren, leicht anrösten. Gewürze frisch mörsern, mit dem Chili zugeben und kurz mitrösten. Mit Rotwein und Balsamico ablöschen, salzen, pfeffern und rund eine Stunde köcheln lassen. Ungefähr 5 Minuten vor dem Ende die feinst geschnittenen Stevia-Blätter unterrühren, aber nicht mehr kochen. Die Paste leicht abkühlen lassen und durchpassieren.

= Spezial-Curry: Für das Spezial-Curry den gemahlenen Bockshornklee und die feinst zerbröselte Zimtstange ohne Fett in einer beschichteten Pfanne anrösten und mit einem „normalen“ Curry mischen.

Die Würste in der Pfanne mit wenig Fett braten oder grillen. Mit dem Ketchup und dem Curry servieren.

= Beilage: Wer will, macht eigene Pommes dazu. Hierfür wird Erdnussöl auf 180 Grad erhitzt, die dick geschnittenen, ungeschälten Bio-Kartoffeln kurz im Öl vorgaren, heraus nehmen, auf Küchenkrepp legen. Öl wieder erhitzen, Pommes wieder reingeben und fertig frittieren. Mit Fleur de Sel salzen. Geht nur mit frischen Kartoffeln!

= Getränk: Weißburgunder statt Weißbier! Es muss nicht immer Bier zur Wurst sein. Der komplett durchgegorene 2014er Weißburgunder Kabinett von Hermann Dörflinger nimmt es mit seiner spritzigen Säure locker mit dem feurigen Curry und der leichten Süße des Ketchups auf.

WIE'S GUT TUT

Hochwertig die Proteine in der Wurst. Bockshornklee zügelt sanft den Blutzucker, weil das Insulin besser wirkt. Durch das Kochen der Tomaten kann der Körper leichter den Pflanzenfarbstoff Lycopin aufnehmen – auf dass die gefäßschädigenden freien Radikale besser gejagt werden. Stevia süßt, ohne den Insulinspiegel hochzujagen. Im Spezial-Curry wird der Bockshornklee unterstützt von Zimt, ebenfalls ein bewährter Blutzucker-Balancierer. Natürlich ist „Lauber´s Hanswurst“ keine reine Gesundheitswurst, aber sie verbindet klug Vitalität und Genuss.

Der Deutschen liebstes Gericht bleibt die Currywurst. Damit der Genuss noch ungetrübter wird, habe ich die Wurst leicht entschlackt und mit dem natürlichen Blutzucker-Balancierer Bockshornklee (die braunen Körnchen) angereichert. Auch habe ich den vielen Zucker im Ketchup, oft bis zu knapp 40 Zuckerwürfel im halben Liter, durch pflanzliche Stevia ersetzt – und den Curry mit Zimt und Bockshornklee noch etwas „angeschärft".

HUNGER? HUNGERTURM!

Solei auf raffinierte Art

SOLEIER

Bio-Eier, hartgekocht	8

FÜR DEN DIP

Petersilie	1 Bund
Gemüsebrühe	4 EL
Quark	2 EL

FÜR DIE LAKE

Salz	1 EL
Kümmel	1 TL
Pfeffer	1 TL
Piment	1 TL
Lorbeerblätter	2
Schalen einer großen Zwiebel	

ZUBEREITUNG

– **Eier:** In einem Topf einen knappen Liter Wasser mit dem Salz, den leicht gemörserten Gewürzen und den Zwiebelschalen zum Kochen bringen und einige Minuten ziehen lassen, danach leicht abkühlen lassen. Die Eier rundum leicht anschlagen, sodass ein gitterförmiges Muster entsteht. In ein Glas legen, mit der Lake übergießen und rund 3 Tage ziehen lassen. Anschließend die Eier herausnehmen, schälen, halbieren.

– **Dip:** Für den Dip wird ein Bund grob gehackte Petersilie mit der Gemüsebrühe gemixt und anschließend mit dem Quark verfeinert. Pfeffern, wenig salzen und die Eier mit dem Petersilien-Dip benetzen. Wer nachts plötzlich Kohldampf hat, lässt den Dip natürlich weg.

WIE'S GUT TUT

Längst haben Eier ihren Ruf als Cholesterinschreck verloren. Eier strotzen vielmehr vor Nährstoffen, etwa wertvollem Protein und sogar dem sehr selten in der Nahrung vorkommenden Sonnenvitamin D. Übrigens: Hühner, die auf der Wiese ihr Futter suchen, sind besonders gute Nährstoff-Lieferanten.

Kreuzberger Nächte sind lang – wie ich aus eigener Erfahrung weiß. Lange Nächte machen durstig, aber früher gab´s im rauen Kreuzberg reichlich zu trinken, wenig zu essen. Wie ein Glücksversprechen lockte auf dem Tresen von jeder Kneipe der „Hungerturm", so nennen die Berliner das Glas mit Soleiern. Gerne und reichlich habe ich da bei dem Klassiker der deutschen Küche zugegriffen – und habe für das Kochbuch das schlichte Rezept leicht verfeinert.

BIRNENSTARK

Toast Hawaii auf badische Art

TOAST HAWAII

dunkles Walnussbrot	4 Scheiben
Walnussöl	1 Spritzer
gekochter und geräucherter Bauchspeck	4 Scheiben
frische Birnenscheiben	4
Ziegenfrischkäse	1
Cherrytomaten	2

ZUBEREITUNG

In einer beschichteten Pfanne das Brot ohne Fett kräftig anrösten. Ein kleiner Spritzer Walnussöl auf jedes Brot und belegen mit zuerst Bauchspeck, dann Birnenscheiben. Darüber sorgfältig den Ziegenfrischkäse häufeln – und bei geschlossenem Deckel in der Pfanne rund 10 Minuten sanft erwärmen, bis der Käse zu schmelzen beginnt. Zum Schluss mit den halbierten Tomaten krönen.

= **Spezialtipp:** Wer eine Nussallergie hat, nimmt ein Körnervollkornbrot und lässt das Walnussöl weg.

WIE'S GUT TUT

Vollkornbrot verfügt über fitte Ballaststoffe, Walnüsse helfen dem Geist auf die Sprünge. Die Ziegenmilch ist die menschenähnlichste und damit verträglichste. Die Pflanzenfaser Lignin der Birne reguliert den Cholesterinhaushalt und Phosphor stärkt die Nerven.

Er war ein Kind des deutschen Wirtschaftswunders: Ein Toast, den es so nie in Hawaii gegeben hat; ein Toast, den der erste deutsche Fernsehkoch Clemens Wilmenrod kreiert hat. Er hieß eigentlich Clemens Hahn und hat sich nach einem Ort im Westerwald so benannt. Dieser Toast ist ein Gericht, das die Sehnsucht des kriegsgebeutelten Landes nach Aufbruch, nach Ferne symbolisierte – und ein Gericht, das den Vorläufer für die „Wellen" mit italienischer, griechischer, jugoslawischer und türkischer Küche bildete.

Leider ist der Toast in seiner Originalversion mit labbrigem Brot und Schmelzkäse weder ein kulinarischer noch ein gesundheitlicher Hit, sodass ich das Gericht mit Vollkornbrot, Birne und Ziegenkäse badisch veredelt und ihm mehr Kraft gegeben habe.

Handkäs und Äppelwoi: Da ist Musik drin

SCHLANKMACHER

Handkäs mit Musik
Von Erika Fischer

HANDKÄS

Harzer, möglichst „speckig" ohne weißen Kern (also komplett durchgereift)	4
Apfelwein	2 cl
7-Kräuter-Essig	2 cl
Rapskernöl (oder Traubenkernöl)	2 EL
Rote Zwiebel (wer zwei Zwiebeln nimmt, wird sein eigenes Orchester)	1
Kümmel	1 EL
Salz, Pfeffer	
Paprika	1 Prise

ZUBEREITUNG

– **Handkäs:** Kümmel über Nacht in wenig Apfelwein einweichen. Den Käse in zentimetergroße Stücke würfeln und rund 2 Stunden in der Apfelwein-Essig-Mischung ziehen lassen. Anschließend eine Marinade bereiten aus der Apfelwein-Essig-Einbeize, den klein geschnittenen Zwiebeln, Öl, wenig Salz, frisch gemahlenem Pfeffer und dem Kümmel. Den Käse zugeben und noch einmal kurz ziehen lassen. Zum Schluss mit einer Prise Paprika bestreuen.

– **Getränk:** Natürlich wird dazu Äppelwoi im typisch geriffelten Glas getrunken, denn Apfelwein hat relativ wenig Alkohol, ist meist durchgegoren – und wie alles Alkoholische tendenziell Zucker-balancierend. Fast ein „Diabetiker-Wein".

WIE'S GUT TUT

Eine wahre Eiweißbombe ist der sättigende Harzer, einer der fettärmsten Käse, was der schlanken Linie hilft. Durch das Einweichen schmeckt der Kümmel intensiver und kann seine die Verdauung fördernden Eigenschaften besser entfalten. Außerdem enthält Kümmel eine große Menge antioxidativer Stoffe, welche diabetesbegünstigende Entzündungen eindämmen können.

Als „Stinker" wird der Heimatklassiker Handkäs von vielen abgetan. Zu unrecht! Richtig zubereitet schmeckt der eingelegte Harzer hervorragend – und ist so gesund, als wäre er aus einem ernährungsphysiologischen Lehrbuch: ein eiweißreicher, sättigender Schlankmacher. Eine besonders wohlschmeckende Zubereitung mit Äppelwoi statt Essig stammt von Erika Fischer. Sie ist die Assistentin von Prof. Kristian Rett, Chefarzt Diabetologie im Krankenhaus Sachsenhausen in Frankfurt, wo wir zusammen einen Diabetes-Garten haben.
Wer wie Erika Fischer das Glück hat, in der Nähe der hessischen Handkässtadt Hüttenberg zu wohnen, kann auf den Märkten wunderbare handgemachte Käse von kleinen Erzeugern erstehen.

KRÄUTER-PFLANZERL

Frikadelle

FRIKADELLEN

krause Petersilie, geschnitten	2 Bund
große Zwiebel, gewürfelt	1
Knoblauchzehen, gewürfelt	6
Salbeiblätter, gehackt	2 EL
Rosmarinnadeln	2 EL
Thymianblättchen, abgerebelt	1 EL
Lorbeerblatt, klein geschnitten	1
Majoranblätter	1 EL
Blatt vom jungen Meerrettich (falls zu finden), streifig geschnitten	1
Kalbfleisch, gewürfelt	120 g
durchwachsenes Schweinefleisch	120 g
Ei (Ei und Haferflocken dienen der Bindung)	1
grobe Haferflocken	2 EL
Salz, Pfeffer, Olivenöl zum Braten	

ZUBEREITUNG

Bis auf Ei und Haferflocken alles durch einen Fleischwolf drehen. Ei und Haferflocken in die Masse geben, salzen, pfeffern und alles kräftig von Hand durchkneten. Flache Küchlein formen und bei milder Hitze die Pflanzen-Pflanzerl rund 15 Minuten in der beschichteten Pfanne braten, sodass sie innen noch saftig sind.

WIE'S GUT TUT

Eine ordentliche Portion tierisches Eiweiß steckt in den Pflanzerln. Die schwefligen Öle von Knoblauch und Zwiebel verdünnen das Blut, was ein kleiner präventiver Beitrag zur Prophylaxe von Schlaganfällen ist. Leicht bitterer Lorbeer macht der Verdauung Beine, nervenstärkender Majoran bewährt sich auch als Fettverbrenner. Bei dieser schonenden Garmethode überlebt auch das Allzweckvitamin C – und kann helfen, den Cholesterinspiegel zu senken.

Viele Namen, ein Gericht: Ob Frikadelle, ob Boulette, ob Fleischpflanzerl, immer handelt es sich um Durchgedrehtes, sei es Fleisch, sei es Fisch. Gewürzt und gebunden mit alten Brötchen sind das leichte Gerichte, die gern und oft verzehrt werden. Was liegt also näher, als dieses beliebte Essen sehr viel pflanzlicher zu machen. Das macht die Klopse leichter, schmackhafter – und obendrein auch noch vitaler.

Aus der Berliner Küche stammt der „Stramme Max". Ein Kraftbrot, das im Rufe steht, die Manneskraft zu stärken, weshalb der Max auch so heißt. Um die Wirkung zu potenzieren, gibt es dazu „Schwarzwald-Viagra". Das ist ein Elixier der Brennnessel, die seit altersher als das natürliche Aphrodisiakum gerühmt wird.

STEHVERMÖGEN

Strammer Max mit „Schwarzwald-Viagra"

STRAMMER MAX

Dinkelvollkornbrot	4 Scheiben
Schinkenspeck	100 g
kleine Tomaten	4
Schalotte	1
Eier	4
Schnittlauch	1 Bund

SCHWARZWALD-VIAGRA

Brennnesselspitzen, möglichst mit dem potenten Samen	20
Zitrone, entsaftet	½
Apfel	½
glatte Petersilie	½ Bund
Quellwasser, etwa St. Leonhards	½ l

ZUBEREITUNG

– **Strammer Max:** In einer beschichteten Pfanne Brote ohne Fett leicht rösten. Anschließend in derselben Pfanne den in kleine Würfel geschnittenen Speck auslassen. Dann klein gewürfelte Schalotte, klein gewürfelte Tomaten dazu und sanft braten. Brote damit bestreichen. In der Pfanne vier Eier braten und auf die Schinken-Tomaten-Melange betten. Mit Schnittlauchröllchen bestreuen.

– **Schwarzwald-Viagra:** 15 Nesseln im Quellwasser pürieren. Anschließend drei Stunden stehen lassen für einen Kaltauszug, ein Mazerat. Durchsieben und im Sud restliche Brennnesseln, Petersilie, Apfel pürieren, mit Zitronensaft abschmecken.

WIE'S GUT TUT

Das Urgetreide Dinkel enthält viele muskelstärkende Aminosäuren. Auch schlummern im Dinkel besonders viel Zink und B-Vitamine, die für die Bildung der Sexualhormone wichtig sind. Speck und Ei geben Kraft. Schon Ovid schwärmte von der Potenzwirkung der Brennnessel.

Alle Rezepte sind für 4 Genießer

DESSERTS: SWEET NOT TOO SWEET

„Brokkoli ist gesund – Schokolade macht glücklich". Ein boshafter Satz, bei dem wohl die meisten beifällig nicken. Das ist verständlich, aber das Verständnis beruht auf einem der größten Ernährungsirrtümer: Gesundes ist „Bäh", Glückliches ist „Wow". Pustekuchen! Warum glauben das die meisten trotzdem? Weil es massive Kampagnen gibt, die gerade extrem süße Produkte immer wieder mit Positivem verbinden: Glückliche Menschen „erfrischen" sich mit Cola. Fußballer dürfen zu besten Sendezeiten für süße Brausen werben. Die Folge: Süßes ist fröhliche Freiheit, Gesundes ist belehrender Zwang.

Dass Gesund und Genuss aber keine Gegensätze sind, zeigt dieses Buch: Leipziger Allerlei mit frischen Krebsen, die Frankfurter Grün Soß mit sieben vitalen Kräutern sind kulinarische Hochgenüsse – mit mehr gesunder Kraft als manche Medikamente. Viele Traditionsgerichte haben diese Vitalkraft, was für mich ein wichtiger Grund war, dieses Buch zu schreiben.

Süßes hat diese Vitalkraft kaum – und trotzdem lieben wir es. Warum? Weil uns ein uralter genetischer Befehl sagt, vom nährenden Süßen soviel wie möglich zu konsumieren. Das machte Sinn, bis vor rund 150 Jahren die Zuckerrübe das vormalig knappe Luxusgut Zucker zum Massenartikel machte – weshalb heute viele an den Süßfolgen leiden. Denn DIE ist Ursache für den millionenfachen „Zucker".

Aber keine Angst, ich habe sechs Desserts gefunden, deren Rezeptur ich so verändert habe, dass sie süß, aber auch nicht zu süß sind. Das ist gar nicht so schwer, denn prinzipiell lässt sich bei fast jedem Rezept die angegebene Zuckermenge ohne geschmackliche Einbußen halbieren. Dann verwende ich gerne auch Stevia mit ihrer natürlichen Süße, die nicht dick macht.

Freuen Sie sich auf den schnell gemachten Grießflammerie mit hausgemachtem Eierlikör; auf einen schokostarken Schokoladenpudding mit großartiger Vanillesauce; auf einen süchtig machenden Kaiserschmarren mit Rumrosinen.

Ja, und freuen Sie sich vor allem auf eine herrliche Schwarzwälder Kirschtorte mit ganz viel echtem Kirschwasser.

STEVIASÜSS

Grießflammerie zu Apfelschnitten mit Eierlikör

GRIESSFLAMMERIE

Milch	3 dl
Dinkelgrieß	30 g
Ei, Eigelb und Eiweiß getrennt	1
Zucker	10 g
Vanille-Schote, ausgekratzt	1
Stevia-Blätter, frisch, in kleinste Streifen geschnitten	2
Bio-Zitrone, Abrieb	1

APFELSCHNITTEN

kleine Boskoop- oder Jonathan-Äpfel, Bio	4
Bio-Zitrone, Saft	
Zimt	½ Stange

EIERLIKÖR GA

sehr frische Eigelbe	3
Vanille	1 Stange
Puderzucker	50 g
Schlagsahne	2 dl
Apfelbrand (40 %)	1 dl

ZUBEREITUNG

= Flammerie: Milch, ausgekratzte Vanille, Zucker, Grieß und Eigelb unter dauerndem Rühren zum Kochen bringen. Mit Zitronenabrieb würzen, eine Minute weiterkochen. Eiweiß steif schlagen und Stevia-Blätter zugeben. Eiweiß unter den heißen Grießbrei heben und rasch in mit kaltem Wasser ausgespülte Förmchen füllen. Vier Stunden kalt stellen. Wer keine Stevia-Blätter hat, nimmt etwas mehr Zucker.

= Apfelschnitten: Ungeschälte Äpfel in Schnitze teilen, Kerngehäuse rausschneiden. Mit Zitronensaft und der Zimtstange vorsichtig weich dünsten, auf Tellern anrichten und mit dem Grießflammerie servieren. Wenn es frische Beeren gibt, empfehlen sie sich natürlich statt der Äpfel.

= Eierlikör: Eigelbe, ausgekratzte Vanille und Puderzucker rund 10 Minuten mit dem Schneebesen des Handmixers auf höchster Stufe cremig schlagen. Sehr steif geschlagene Schlagsahne vorsichtig unter die Masse ziehen, bis eine gleichmäßige Verteilung erreicht ist. Apfelbrand hinzufügen und noch einmal rund 3 Minuten rühren. Eierlikör in eine verschließbare Flasche füllen und bald trinken.

WIE'S GUT TUT

Wer nach diesem Dessert seinen Blutzucker misst, wird einen erfreulich kleinen Anstieg feststellen. Was zum einen an den minimalen Zuckermengen liegt und zum anderen an der segensreichen Wirkung der Stevia, welche das Insulin besser wirken lässt. Auch wirkt der Alkohol im Eierlikör sanft gegen zu starke Zuckeranstiege.

Ein anderes Wort für Pudding ist der Flammerie, der auch aus Fleisch sein kann. Aber wir machen hier lieber mit Dinkelgrieß ein schönes Dessert, das mit erfreulich wenig Zucker auskommt und dem Süßkraut Stevia einen schönen Auftritt beschert. Auch die gedünsteten Äpfel verfeinere ich mit der natürlichen Stevia. Ein Gedicht ist der Eierlikör, von dem Sie sich fest vornehmen müssen, nur ein Gläschen zu trinken – was mir selten gelingt.

KINDERGLÜCK

Schokoladenpudding mit Vanillesauce

PUDDING

Bitterschokolade, 99 % Kakao	1 Tafel
Schokolade, 70 – 80 % Kakao	½ Tafel
Sahne	2 dl
Eiweiße	3
Zimtblüten	10

VANILLESAUCE

Vanilleschoten	3
Sahne	1 dl
Milch	1 dl
Eigelbe	2
Vanillezucker	20 g
Cognac	1 cl
Salz	1 Prise
Pfeilwurzelstärke	1 Messerspitze

ZUBEREITUNG

= **Pudding:** Die Schokoladen in kleine Stücke brechen. Im Wasserbad schmelzen und glatt rühren. Die Zimtblüten mahlen und in die Schokomasse geben. Zuerst die Eiweiße und dann die Sahne sehr steif schlagen. Das geht am besten, wenn Eier und Sahne sehr kalt sind. Eischnee und Schlagrahm in einer vorgekühlten Glasschüssel vorsichtig vermengen und dann die Schokomasse darüber gießen und mit dem Schneebesen sanft unterziehen, bis eine duftende Masse entsteht. Mindestens sieben Stunden im Eisschrank durchkühlen lassen.

= **Vanillesauce:** Die aufgeschnittenen Vanilleschoten mit Sahne, Milch, Vanillezucker und Salz langsam aufkochen lassen. Die Eigelbe mit der Pfeilwurzelstärke und einem Esslöffel Milch glattrühren. In die heiße Vanillemilch geben und unter ständigem Rühren zirka eine Minute köcheln lassen. Dann in die abgekühlte Sauce den Cognac einrühren.

WIE'S GUT TUT

Bitterschokolade steckt voller wertvoller Stoffe, die auch helfen können, den Blutzucker zu balancieren. Aber wer will angesichts eines Schokoladenpuddings an seinen Blutzucker denken?

Mein größtes Kinderglück war der Schokoladenpudding. „Dä Schoki-Budding", wie er bei uns im Alemannischen heißt, rührte meine Mutter mit frischem Rahm, also Sahne, viel Schokolade – und wahrscheinlich viel Zucker. Den habe ich für dieses Rezept deutlich reduziert. Trotzdem ist der Pudding ein Gedicht – vor allem mit der herrlichen Vanillesauce.

HEILE WELT

Schwarzwälder Kirschtorte
Von Klaus Neidhart und Thomas Scholz

BISKUIT

Buchweizenmehl	130 g
reines Kakaopulver	50 g
Zucker (ohne wird der Biskuit zu hart)	40 g
Stevia-Glykosid	2 EL
Eier	6
Vanilleschote, ausgekratzt	1
Kirschwasser	1 Schuss

FÜLLUNG

Sauerkirschen, eingelegt	60
Einlegeflüssigkeit	3 EL
Sternanis	2 Zacken
junge Lorbeerblätter	2
Zimtblüten	2
Kirschwasser, mind. 40 %	2 cl

GARNITUR

Sahne	½ l
Kirschwasser	1 cl
Raspeln von Bitterschokolade	

ZUBEREITUNG

Diese Variante der Schwarzwälder Kirschtorte braucht eine Rundform mit 10 Zentimeter Durchmesser und zirka 5 Zentimeter Höhe.

Abgetropfte Kirschen rund 5 Stunden im Kirschwasser einlegen, Abtropfflüssigkeit auffangen. Genau so wie das Kirschwasser nach dem Marinieren.

= **Biskuit:** Für den Biskuit, das Herzstück, Eigelbe, Zucker, Stevia, die Vanille und das Kirschwasser der Marinade schaumig rühren. Die Eiweiße steif schlagen, was am besten mit kalten Eiern gelingt, und unter die Eigelbmasse ziehen. Jetzt den Kakao und das Mehl einsieben und alles vorsichtig vermengen. Ein Blech mit Backfolie belegen und darauf die Masse gleichmäßig aufstreichen. Den Biskuit bei 180 Grad rund 20 Minuten backen. Aus dem Ofen holen und sofort 8 runde Biskuits ausstechen.

= **Füllung:** Einlegeflüssigkeit, klein geschnittene Lorbeerblätter, zerstoßene Zimtblüten und Sternanis zu einer dicklichen Masse einkochen und leicht mit Kirschwasser aromatisieren.

= **Garnieren:** 4 Biskuits auslegen und mit einem Teil der eingekochten Masse bestreichen. Darüber jeweils rund 10 Sauerkirschen platzieren.

Sahne sehr steif schlagen, was am besten gelingt, wenn Sahne wie Schlaggerät sehr kalt sind. Wenn die Sahne anfängt, steif zu werden, Kirschwasser einträufeln. Über die Sauerkirschen eine rund 2 Zentimeter dicke Schlagsahneschicht geben. Darüber jeweils wieder einen Biskuit legen. Diesen mit dem Rest der eingekochten Masse bestreichen. Darüber wieder eine rund 1 Zentimeter dicke Sahneschicht streichen. Zum Schluss Bitterschokolade frisch über die Sahne raspeln und Sauerkirschen zu einem symbolischen Bollenhut anordnen.

WIE'S GUT TUT

Die Torte streichelt die Seele!

Der beliebteste deutsche Kuchen ist die Schwarzwälder Kirschtorte. Wohl, weil sie perfekt die heile Welt des Schwarzwaldes verkörpert – und weil sie hervorragend schmeckt. Praktisch jede gute Konditorei führt den Klassiker – und bereitet ihn ein wenig anders zu. Aber als „Schwarzwälder" ist die Torte nur echt mit diesen vier Elementen: Fluffiger Kakaobiskuit, eingelegte Sauerkirschen, viel Schlagsahne – und reichlich Kirschwasser, woran fern des schwarzen Waldes gerne gespart wird.
An das Schwarzwald-Symbol, den runden Bollenhut, erinnert die Torte, weshalb Klaus Neidhart und sein Koch Thomas Scholz die Torte als kleines rundes Törtchen backen. Aber natürlich auch, damit es nur bei einem Stück bleibt. Denn auch wenn wir Zucker soweit wie möglich reduziert haben, ist diese Torte kein kalorisches Leichtgewicht – und gehört an Festtagen voller Andacht genossen.

Runder Genuss: Schwarzwälder Kirschtorte

GÖTTLICH

Kaiserschmarren mit Rumrosinen

KAISERSCHMARREN

Dinkelgrieß	100 g
Eier	2
Salz	1 Prise
Zucker	2 TL
Butter	4 EL
Milch	1 dl
Mandeln, gestiftelt und ohne Fett angeröstet	10
Rum	1 dl
Rosinen, möglichst große	70 g

ZUBEREITUNG

= **Schmarren:** Die Rosinen über Nacht in Rum einlegen. Dinkelgrieß, Eigelb, Einlegeflüssigkeit, Salz, 1 TL Zucker und Milch anrühren. 2 EL Butter in einer Pfanne bräunen und unterrühren. Anschließend die steif geschlagenen Eiweiße unterheben.

In einer Pfanne 2 EL Butter erwärmen und den Teig wie bei Omeletts dazu geben. Mit den Mandeln und den Rosinen bestreuen, sanft bräunen. Anschließend wenden und wieder bräunen. Den Schmarren grob zerteilen. In der restlichen Butter einen Teelöffel Zucker karamellisieren – und darin die Teilchen noch einmal baden. Macht den guten Schmarren zu einem Unwiderstehlichen!

= **Beilage:** Reife, entkernte Pflaumen passen perfekt dazu. Sie werden mit Pflaumenschnaps und Vanille aromatisiert und in einem Pfännchen behutsam eingeköchelt.

WIE'S GUT TUT

Nun, ein Dessert ist ein Dessert – und kein Abnehmprogramm. Nur: Der Schmarren selbst kommt praktisch ohne direkten Zucker aus, bis auf die Kohlenhydrate im Grieß.

Grantelnd herrschte der österreichische Kaiser Franz Joseph seinen Patissier an: „Gebt´s mir halt den Schmarren" – um die Mehlspeise hinterher entzückt zum Kaiserschmarren zu adeln. Was würde der Monarch wohl erst zu meiner süchtig machenden Version mit den Rumrosinen rufen? Göttlich, natürlich!

KNUSPRIFLUFFI

Dampfnudeln
Von Klaus Neidhart

DAMPFNUDELN

550er-Mehl	125 g
gemahlene Mandeln	125 g
Süßrahmbutter	50 g
Eier	2
Milch, lauwarm	2 dl
Salz	5 g
Zucker	1 EL
Hefe	20 g
Milch	1 Tasse
Süßrahmbutter	70 g
Zucker	1 EL
Salz	1 Prise

ZUBEREITUNG

= Dampfnudeln: Aus Mehl, Mandeln, Butter, Eiern, lauwarmer Milch, Salz, Zucker und aufgelöster Hefe einen Teig rühren. So lange schlagen, bis der Teig Blasen wirft und sich von der Schüssel löst. Zugedeckt an einem warmen Ort gut gehen lassen. Dann etwa 1,5 Zentimeter dick ausrollen, mit einem Glas Küchlein ausstechen und diese noch einmal auf einem gemehlten Blech gehen lassen.

In einer eisernen Kasserolle Milch, Butter, Salz und Zucker zum Kochen bringen. Nun die Dampfnudeln dicht an dicht setzen. Die Kasserolle verschließen, in den auf 220 Grad vorgeheizten Backofen stellen und die Nudeln 30 Minuten lang backen. Im Anschluss sofort herausnehmen und servieren.

= Beilage: Dazu passen sehr gut Beeren, etwa Preiselbeeren.

WIE'S GUT TUT

Mandeln liefern hochwertige Proteine, das Diabetes-Vitamin B1, und sie sollen das Insulin besser wirken lassen. Aber daran müssen Sie jetzt nicht unbedingt denken, wenn Sie nussige Nudeln mit frischen Beeren genießen.

Raffiniert, die Dampfnudel: Einen knusprigen Boden krönt ein fluffig leichtes Küchlein. Der Trick: In einem Topf mit festem Deckel wird der Hefeteig gleichzeitig gebraten und gedämpft. Für noch mehr Geschmack verfeinert Klaus Neidhart die Nudel mit gemahlenen Mandeln. Gute Idee!

FINALE FANTASTICO!

Weinschaumcreme mit Löffelbiskuits

WEINSCHAUMCREME

Eigelbe	5
Gewürztraminer	½ l
Zucker	15 g

LÖFFELBISKUITS NACH KLAUS NEIDHART

Eiweiße	3
Eigelbe	3
Zucker	1 EL
Salz	1 Prise
flüssige Butter	½ EL
Mehl	2 EL
Mondamin	1 EL
Zitronenabrieb, Vanille, Kardamom	

ZUBEREITUNG

– **Weinschaum:** Für den Weinschaum Eigelbe und Zucker verrühren, den Wein angießen und in einer Schüssel im 90 Grad heißen Wasserbad schaumig schlagen.

– **Löffelbiskuits:** Für die Löffelbiskuits die Eigelbe mit Zitronenabrieb, Zucker, Mehl, Mondamin vermengen und schaumig schlagen. Zum Schluss die flüssige Butter unterheben, damit der Biskuit nicht so schnell trocken wird. Dann die Eiweiße mit der Prise Salz sehr steif schlagen und vorsichtig unter die Eigelbmasse ziehen. Mit einem Spritzsack auf ein gemehltes Backblech „Löffel" spritzen und bei 200 Grad mit Umluft rund 12 Minuten backen.

– **Getränk:** Zart-süßer Gewürztraminer passt auch hervorragend zu mildem Blauschimmelkäse, etwa einem nussigen Fourme d´Ambert aus der Auvergne. Aber ihren ganz großen Auftritt hat die gesuchte Spezialität natürlich zu Weinschaum und Löffelbiskuits. Prost!

WIE'S GUT TUT

Nahrhaft, ohne mächtig zu sein, ist dieses Dessert. Genau das richtige für einen lauen Sommerabend zusammen mit dem Gewürztraminer – und statt dem Abendessen.

Wunderbare Gewürztraminer keltert Hermann Dörflinger. Normalerweise baut der Müllheimer auch diesen Wein trocken aus. Aber eine schöne Laune der Natur bescherte dem 2014er 11 Gramm Zucker. Mich animierte der Tropfen zu einer Weinschaumcreme aus Eigelben, Wein und wenig Zucker. Prächtig passen dazu selbst gebackene Löffelbiskuits – ein schönes Finale der Heimatküche!

Würzig, diese Melange

VOM BODENSEE BIS ZUR WATERKANT

12 Echte Gasthäuser

„Echt Essen“ heißt eine Serie, in der ich seit über sechs Jahren jeden Monat ein Gasthaus vorstelle, wo der Koch noch weiß, wo seine Ware produziert wurde, oder wo sogar selbst produziert wird. Für „Heimatküche“ habe ich Lokale ausgesucht, wo die im Buch vorkommenden Klassiker gekocht werden. Nicht immer so wie in meinen Rezepten, wo ich die Kohlenhydrate minimiert, viele Salate eingebaut habe. Aber doch so, dass ich die gastlichen Stätten empfehlen kann.

SCHWEINSBRATEN
„Feichtner Hof“, Tegernsee

Wer Schwein als Braten, als Schnitzel oder als Kotelett in bester Qualität genießen möchte, ist im „Feichtner Hof“ oberhalb vom Tegernsee an der richtigen Adresse. Denn hier tischt Thomas Thielemann auf, lange Zeit Chef im legendären „Schweinsbräu“, das zu den „Hermannsdorfer Landwerkstätten“ gehört, in denen Karl Ludwig Schweisfurth eine vorbildliche ökologische Schweinezucht aufgebaut hat. Aus Hermannsdorf bezieht Thielemann weiter viele schweinisch gute Produkte – und kocht eine feine Küche, die auch klug mediterrane Elemente integriert und sehr gut mit Gemüse und Salat umzugehen weiß. Sehenswert die stilvoll eingerichteten Wirtsstuben – und bei schönem Wetter lockt ein großer Biergarten.

Kaltenbrunner Straße 2,
83703 Gmund am Tegernsee
Tel.: 080 22-96 840
Täglich geöffnet • www.feichtner-hof.de

BADISCHES
„Rebstock“, Vogtsburg

Es ist gar nicht so einfach, deftige badische Spezialitäten gut zu kriegen. Eine äußerst verlässliche Adresse ist der „Rebstock“ im Kaiserstuhl, der zum „Schwarzen Adler“ gehört, dessen Ruhm der legendäre Gastronom und Winzer Franz Keller begründete. Der visionäre Winzer kelterte schon zu einer Zeit, wo im Badischen noch süße Plörren als Wein verkauft wurden, hervorragende, zuckerfreundliche trockene Weine. Im vom Sohn Fritz aufgebauten „Rebstock“ gibt´s Badische und Elsässer Klassiker wie Flammkuchen, Mistkratzerle mit Brägele (alemannische Bratkartoffeln), herrliche Kutteln in Riesling, sogar Ochsenmaulsalat. Aber auch in vorzüglicher Qualität Wurstsalat – und den sogar auf zweierlei Art: Normal und mit Käse, dann heißt er Elsässer Art. Sehr reelle Preise, sehr freundlicher Service!

Wer mag, kann auch im „Rebstock“ einzigartige Bordeaux zu unschlagbar günstigen Preisen trinken von der Karte des gegenüberliegenden „Adlers“.

Badbergstraße 32,
79235 Oberbergen
Tel.: 076 62-93 30 11 • www.franz-keller.de

WIENER SCHNITZEL
„Wirtshaus Steirereck", am Pogusch

So in der Mitte zwischen Wien und Graz geht´s hoch zum Pogusch-Pass. Nach kurviger Bergfahrt wird der Himmel plötzlich weit – und rechts grüßt das „Wirtshaus Steirereck am Pogusch". Der stattliche Landgasthof gehört zum Wiener „Steirereck", eines der besten österreichischen Restaurants, das von der Familie Reitbauer geführt wird. Zu einer Kultadresse für authentische und sehr bezahlbare Landhausküche hat Heinz Reitbauer Senior das Wirtshaus in über 1 000 Meter Höhe gemacht. Mit eigenem Vieh, eigener Schlachtung, wo ein herrlicher Schweinsbraten vom Schwäbisch Hällischen allein die Reise in die wunderschöne Steiermark lohnt. Gleich auf drei Arten serviert der souveräne Service das Wiener Schnitzel: Vom hauseigenen Schwein, klassisch vom Kalb und vom Pogusch-Lamm. Auch gibt es anderswo längst vergessene Gerichte, wie etwa vom selbst geschlachteten steirischen Kalb: Kopf, Zunge, Beuschel (Lunge), sogar Kalbshirn und eine „Ganze Kalbsniere im Fettkleid".

Beste Innereien, bestens zubereitet. Hingehen, bevor uns die EU-Bürokraten diese großartigen Genüsse verbieten!

Pogusch 21, A-8625 Turnau, Tel.: 0043 38 63-20 00
Offen ist von Do – So, wo´s oft voll ist, also reservieren
www.steirereck-pogusch.at

RHEINISCHER SAUERBRATEN
„Em Krützche", Köln

Ein Ruhepol inmitten der touritrubligen Altstadt: Das Familienrestaurant „Em Krützche". In dieser Institution locken die Klassiker der rheinischen Küche wie Hausgemachte Reibekuchen (die berühmten Rievkooche); Rheinischer Sauerbraten, natürlich mit Rosinen; Himmel und Erde mit gebratener Blutwurst, aber auch für Köln eher ausgefallene Spezialitäten wie Kalbskopf und Kalbsbries. Im Herbst besonders zu empfehlen: Gänsebraten, aber möglichst eine ganze Gans zu viert bestellen, die dann am Tisch tranchiert wird. Das alles wird meistens gut gutbürgerlich zubereitet und zu vernünftigen Preisen von freundlichen Bedienungen serviert.

Empfohlen wird das „Em Krützche" im „Slow Food-Genussführer" – einem ausgezeichneten Wegweiser zu authentischen Gasthäusern.

Am Frankenturm 1-3, 50667 Köln
Tel.: 02 21-25 34 17
Ab 10 Uhr geöffnet, Montag ist zu
www.em-kruetzche.de

Noch mehr „Echt Essen" unter www.diabetes-online.de

GÄNSEGLÜCK
„Lamm im Kau“, Tettnang

Es gibt sie noch, die guten Landgasthöfe. Einer der schönsten ist das „Lamm“ im Dorf Kau, das zur Hopfenhochburg Tettnang gehört. Seit Jahrzehnten kocht hier Reinhard Kiechle, und seine Frau Petra leitet mit souveräner Herzlichkeit den Service in den gemütlichen Stuben und im prächtigen Biergarten. Es gibt regionale Klassiker wie Schweinekrustenbraten, frische Fische vom nahen Bodensee und ausgezeichnete Innereien, etwa Kalbsnieren. Viele Lebensmittel besorgt sich Reinhard Kiechle direkt bei kleinen Produzenten im Vorarlberg. Besonders zu empfehlen ist das „Lamm“ zur Gänsezeit im Herbst. Da gibt es nicht nur Bestes von Brust und Keule, sondern auch seltene Spezialitäten wie Gefüllter Gänsekragen. Ein ausgezeichnetes Preis-Leistungs-Verhältnis, große Portionen, eine feine Küche: Die Gäste lieben und stürmen diesen Hort der Heimatküche. Feine Weine, aber auch perfekt gezapfte Biere.

In die Kochausbildung aufgenommen gehört das „Lamm“. Dann lernten die angehenden Helden am Herd, was Gäste wirklich wollen: Gut gekochte Produkte zu reellen Preisen.

Sängerstraße 50, 88 069 Kau
Tel.: 075 42-47 34
Montag ist zu, sonst mittags und abends geöffnet.
Unbedingt reservieren!
www.lamm-im-kau.de

WILD
„Spielweg“, Münstertal/Schwarzwald

Haben Sie schon einmal Hirschherz gegessen? Oder Wildleberknödel auf Königsberger Art? Oder selbst gemachte Wildwürste? Solch rare Delikatessen gibt es fast nur bei Karl-Josef Fuchs, der selbst Jäger ist – und deshalb auch an begehrte Innereien kommt. In dem prächtigen Romantikhotel, das seit 1861 von der Familie Fuchs bewirtschaftet wird, locken schön dekorierte Wirtsräume, etwa die Ungerer-Stube, wo frivole Zeichnungen von dem Elsässer Stammgast Tomi Ungerer hängen. Während die Wildspezialitäten von der Saison und dem Jagdglück abhängen, gibt es immer gute badische Gerichte, auch mal internationalisiert, etwa hausgemache Blutwurst mit Jacobsmuscheln oder ein Rinderrücken vom Schwarzwälder Weiderind und zum Dessert eine Käsekuchenschnitte.

Besonderes: Eigener Käse wird im „Spielweg“ hergestellt mit der Milch von Kühen, die auf einem 1 000 Meter hoch gelegenen Hof saftige Gräser fressen. Ein weiterer Grund für einen Besuch.

Spielweg 61, 79244 Münstertal,
Tel.: 076 36-709-0
Täglich geöffnet, Mo und Di eingeschränkte Speisekarte
www.spielweg.com

FISCHGERICHTE
„Seehalde“, Birnau

Schöner sitzt es sich nicht am Bodensee als auf der Terrasse direkt am Wasser: Plätschernde Wellen, von Ferne grüßt der mächtige Säntis, im Glas funkelt kühler Weißwein, auf dem Teller duftet frischer Seefisch. Markus Gruler als Koch und Weinnase Thomas Gruler als Servicechef haben das Familienhotel zu einer ersten Adresse am beliebten Bodensee gemacht. Markus Gruler, der selbst fischt, sein Handwerk bei Altmeister Klaus Neidhart gelernt hat, ist ein großer Fischkoch: Fein die Bouillabaise von Bodenseefischen; der zarte Felchen wird in Butter, der Bodenseesaibling auf Blumenkohl und raffiniertem Krustentiersößle serviert. Aber es gibt auch deftige Heimatküche – und alles zu fairen Preisen: Butterweich geschmorte Ochsenbäckle in Spätburgunder und Kutteln mit dicken Bohnen. Unerschrockene Stammgäste genießen seltene Delikatessen: Etwa den Kopf eines mächtigen Zehn-Kilo-Wallers. Von der klug konzipierten Weinkarte empfiehlt sich unbedingt ein Glas Muskateller vom Bodenseewinzer Geiger.

Subtil-elegant renoviert wurde der großzügige Gastraum, von dem aus der See zu sehen ist. Genau so wie von den schönen Zimmern, die alle ruhig und seeseitig sind.

Birnau Maurach 1, 88690 Uhldingen,
Tel.: 075 56 - 92 21 0
Dienstag und Mittwoch ist zu
www.seehalde.de

LABSKAUS
„Vlet“, Hamburg

Ein Leuchtturm der Heimatküche ist das „Vlet“, was „Kanal“ heißt. Im wunderbaren Backstein-Ambiente in der Speicherstadt werden die Klassiker Norddeutschlands perfekt zubereitet zu vernünftigen Preisen serviert: die Finkenwerder Scholle mit Schnippelbohnensalat; „Granaten“, Nordseekrabben mit jungen Kartoffeln; interessant: „Kaltschale“, eine Staudenselleriesuppe mit Krebsen und Himbeeren; am Tisch angemachtes Rindertatar und zum Schluss gibt´s „Klütenkööm“, also Eierlikör. Natürlich gibt es hier auch „Alles vom Labskaus“ – modern interpretiert: Galloway Rinderkraftbrühe mit Rote Bete und Senfgurke, gepökelte Rinderbrust, Wachtelei und lütte (kleine) Kartoffelklöße. Das Besondere: Die meisten Waren werden von ausgesuchten kleinen Produzenten aus dem Umland bezogen. So erhalten auch handwerklich arbeitende Käsereien ihren Auftritt, etwa preisgekrönter Saalitzer Bio-Schafskäse vom nahen Schaalsee und die Rohmilchkäse der Föhrer Inselkäserei.

Das Vlet-Konzept ist erfolgreich: Inzwischen gibt es noch ein zweites Restaurant an der Alster und eine Kochschule fürs „Kochen wie bei Muttern“.

Am Sandtorkai 23, 20457 Hamburg, Tel.: 040-334 753 750
Mittags (außer Sa) und abends von Mo – Sa geöffnet
www.vleet.de

KRÄUTERKÜCHE
„Breiers", Oderbruch

Über Kräuter reden Köche gerne, sie sind ein Modethema. Aber nur wenige Köche kennen sich wirklich damit aus, können damit kochen. Einer der besten ist Alfons Breier im Naturparadies Oderbruch. In den großen Gärten um das Gasthaus wachsen über 250 Gemüse- und Kräutersorten – und „Dr. Garten", wie ihn seine Gäste nennen, kennt sie alle: weiß, wie sie kulinarisch zu verwenden sind, weiß um ihre medizinische Wirkung, etwa dass die Blätter der tief wurzelnden Luzerne das Cholesterin senken, die Blutgerinnung verbessern. Spannende Gerichte entstehen hier wie gartenfrischer Wildpflanzensalat mit einem auf Kirschen basierenden Dressing; „Nudeln" vom frisch geernteten, eigenen Kohlrabi, aromatisiert mit Rosenduft. Überhaupt die Rosen, sie werden taufrisch geschnitten, das Aroma ausgezogen – und verfeinern wunderbar Rosencrème und Eis.

Eine Reise wert in das malerische Oderbruch ist der sympathische Familienbetrieb. Empfehlenswert die Heil- und Küchenkräuterseminare.

Rathsdorf 21, 16269 Wriezen, Tel.: 033 456-70 049
Geöffnet ist von Mi–So ab mittags
www.breiers-kraeutergarten.de

LINSEN MIT SAITENWÜRSTLE
„Adler", Rosenberg

Ein Sehnsuchtsort ist das sattgrün getünchte Anwesen von 1717 auf der Schwäbischen Alb bei Ellwangen: Schon ein Klassiker die beiden Wirtsräume mit blanken Fußböden, weißgestrichenen Tischen, grünen Wänden, Blumen in edelschlichten Vasen – und einem Herrgottswinkel. Herzlichst der Empfang durch den freundlichen Service, an der Spitze die wunderbare Marie-Luise Bauer zusammen mit der unverwechselbaren Hildegard Brenner und ihrem „stimmt elles"? Auf den Tisch kommt Bestes aus Schwaben, gerne auch die Klassiker wie Linsen mit Saitenwürstle. Aber immer ist hier alles eine Spur raffinierter, die Linsen adelt ein Schuss Soja. Obwohl schon über 70, sprüht Josef Bauer noch immer vor Koch- und Kreativlust, serviert Gebratene Blutwurst mit Rote Bete und Apfelspalten; begeistert mit Bries und Hirn vom Kalb; bettet den saftigen Bauch vom Schwäbisch-Hällischen Schwein auf sensationelles Sauerkraut – und dazu kredenzt Marie-Luise Bauer einzigartige Tropfen aus Schwaben, etwa den großartigen Wöhrwag-Riesling.

„Verweile doch, du bist so schön", denke ich immer im Adler. Hoffentlich kann ich es noch lange denken.

Ellwanger Straße 15, 73494 Rosenberg, Tel.: 079 67-513
Mi, Do ist nur abends geöffnet • Fr–So auch mittags
www.landgasthofadler.de

HANDKÄSE MIT MUSIK
„Zu den 3 Steubern", Frankfurt

Das gerne als Bankfurt verspottete Frankfurt bietet wunderbare Idyllen: Die Äppelwoi-Kneipen – urige Trefforte für jung und alt, arm und reich. Keine auf Retro-Chic getrimmten Gaststätten, sondern herber Charme, von der Einrichtung bis zu den Bedienungen. Herrlich schon die Namen: „Zum Feuerrädchen", „Zur Germania" und „Kanonesteppel", die nebeneinander in Sachsenhausen liegen, nicht weit von „Fichtekränzi" und „Atschel", wo ich gerne verkehre. Aber mein absoluter Favorit ist „Zu den 3 Steubern", liegt Frankfurt-typisch an einer zugigen Schnellstraße. Hier ist alles pur, schnickschnackfreie Einrichtung mit langen Bänken und einem selbstgekelterten Stöffche, wie der Äppelwoi hier heißt, der als „Sauer gspritzt" bestellt wird. Dazu ein perfekt gereifter Handkäse (ein Harzer), dessen „Musik", die Zwiebeln, in einer Schublade unter den Soleiern ruht. Sehr gut sind Rippchen mit Kraut und die Sülzen, alles von einer Sachsenhäuser Metzgerei.

Wer hier ein süß-gespritztes Stöffchen bestellt, sollte ein großes Schild tragen, „Sorry, Touri". Dann fliegt er vielleicht nicht sofort raus.

Dreieichstraße 28, 60594 Frankfurt, Tel.: 069-622 229
Offen ist nur von Di – Fr ab 16 Uhr

SCHWARZWÄLDER KIRSCHTORTE
„Café Decker", Staufen im Breisgau

Was der Schweinsbraten fürs Deftige, ist die Schwarzwälder Kirschtorte fürs Feine: der kulinarische Botschafter unserer Heimatküche. Weltweit gibt es sie, eine sehr gute habe ich in Seattle gegessen, eine prächtige in Paris gesehen. Auch hier führen sie die meisten Konditoreien – aber leider backen sie nur wenige gut. Die wichtigste Zutat, weshalb sie Schwarzwälder heißt, das Kirschwasser, fehlt meistens ganz. Auch sind die Kirschen oft ein Gelatinematsch, der Biskuit zu trocken. Aber nun ist genug gelästert, ist Zeit fürs „Café Decker" in der malerischen Fauststadt Staufen. Im Wechsel der Jahreszeiten gibt es in dieser Institution täglich über 20 verschiedene Sahnetorten – und das ganze Jahr die „Schwarzwälder", die besteht aus: zwei fluffigen Biskuits, Kirschwasser-getränkten Kirschen, feiner Schlagsahne und frischen Schokoraspeln. Ein Gedicht, das im freundlichen Café gegessen oder mitgenommen werden kann.

Im Sommer lässt es sich wunderbar auf der großen Terrasse oder unter Bäumen draußen sitzen.

Hauptstraße 70, 79219 Staufen, Tel.: 076 33-53 16
Offen ist Di – Sa von 6!:30 Uhr bis 18 Uhr
So und Mo von 13:30 Uhr bis 18 Uhr • www.cafe-decker.de

HANDREICHUNGEN FÜR EIN FRÖHLICHES LEBEN

Es sind scheinbar kleine Dinge, die Gutes bewirken: Es kann ein Innehalten sein. Es kann ein bewusster Genuss sein. Es kann ein kluges Vergessen sein. Fünf Winke.

WER SICH REGT, BLEIBT REGE

Wir sind, wer wir waren: Vor über 10 000 Jahren programmierte die Natur unseren Stoffwechsel – und sah vor, dass unsere Organe am besten funktionieren, wenn wir uns täglich rund 10 Kilometer bewegen. Solche weiten Wege waren damals notwendig, um die für das Überleben notwendige Nahrung zu sammeln, zu jagen. Nun, derzeit braucht wenigstens in den westlichen Ländern kaum jemand so lange zu laufen, um satt zu werden. Doch die Natur denkt langfristig – und ändert wegen einem kurzfristigen scheinbaren Überfluss (der in anderen Weltgegenden oft einen Mangel hervorbringt) nicht unseren genetischen Bauplan.

Weshalb gilt: Wer täglich einige Kilometer geht oder drei Mal die Woche eine Stunde joggt oder fünf Mal die Woche eine Stunde radfährt – und gerne noch zwei Stunden im Fitness-Studio Muskeln aufbaut, hat diese Vorteile: Die Stimmung steigt. Der Geist bleibt rege. Die Verdauung klappt besser. Die schlanke Linie wird wirklich. Das Diabetes-Risiko sinkt deutlich.

WER FRÜHSTÜCKT, WIRD FITTER

Keine Zeit, keine Lust – der Ausreden sind viele, morgens nicht richtig zu frühstücken. Dabei ist es die wichtigste Mahlzeit des Tages, weil hier die Weichen für den Tag gestellt werden: Wer nur hastig etwas runterschlingt, gar noch Süßes, kann seinen Rhythmus nicht finden. Hat bald einen Höllenhunger, der wieder mit Schnellem scheinbar gestillt wird – ein Teufelskreis beginnt mit zu hohem Blutzucker, der Ausschüttung von dick machendem Insulin, was wieder in einen

Unterzucker mündet – mit erneutem Heißhunger. Die Krönung des Schaukelessens ist meist abends erreicht, wenn irgendwann der Kühlschrank leergefuttert wird – die sicherste Methode für langfristige Schwimmringe.

Fitter geht es so: sich vor dem Frühstück bewegen. Dann ein Müsli mit zwei Esslöffeln eingeweichter Körner, etwa Dinkel, gerne auch stärkender Bockshornklee mit Dickmilch. Herrlich dazu: vitalisierender Grüntee. Erst zwei Stunden später einige Scheiben Vollkornbrot, die auch für unterwegs mitgenommen werden können. Jetzt ist der Körper im Takt. Wenn dann noch das Mittagessen größer, das Abendessen ganz klein ausfällt, wird aus einem guten Start in den Tag ein perfekter Tag.

WER SICH FREUT, LEBT LÄNGER

Es gibt Menschen, die sind von Grund auf heiter (ich gehöre leider nicht dazu). Sie freuen sich gerade auch über kleine Dinge, über eine schöne Blume am Wegesrand, über heiter lachende Kinder, über eine nachdenklich machende Stelle im „Wilhelm Meister" von Goethe. Solche Menschen haben die bewundernswerte Gabe, auch scheinbar schlechten Dingen etwas Positives abzugewinnen: „Gut, dass ich den Zug verpasst habe, jetzt kann ich endlich den prächtigen Jugendstilbahnhof in Ruhe anschauen". An ihnen prallen die Aufgeregtheiten einer immer hektischeren Welt mit bewundernswerter Gelassenheit ab. Sie ruhen in sich, sind nicht dauernd damit beschäftigt, sich mit anderen zu vergleichen, sich im ewigen höher, schneller, besser zu messen. Solche Menschen schauen wach auf die Welt, lassen vieles an sich vorbei treiben – sind aber von Herzen engagiert, wenn sie wirklich gebraucht werden.

Wer sich über das Kleine freuen kann, muss nicht nach dem Großen streben. Diese Zufriedenen leben lange in einer Welt, die der Biedermeier-Dichter Jean Paul wunderbar beschrieben hat als das „Vollglück der Beschränkung".

WER GENIESST, BLEIBT SCHLANKER

Kaum ist das Buffet eröffnet, stürmen sie los – oder kämpfen sich gleich rücksichtslos vom Dessert zu den Salaten, „Tschuldigung, nur kurz ein Brot". Genießer sind das nicht, verschlingen hastig in Buffetblickweite ihre „Beute". Blicken ständig furchtsam auf, ob noch was da ist, spurten zur Sicherheit mitten im Essen, im Kauen durch die immer noch Wartenden, „hab leider den Lachs vergessen, darf ich mal?" – und durchbohren mit vorgehaltenem Teller die Schlange. Schweißnass zitternd stehen sie jetzt da, würgen alles ohne Kauen herunter, vielleicht reicht es noch zum dritten Essensgang.

Immer noch der beste Start in einen fitten Tag: Vitale Nüsse und Körner

Alles Erfindung? Zugespitzt, sicher, aber mit viel Buffeterfahrung. Den Linksvordrängler kannte ich, ein bekannter Publizist. Sein Motto: „Drängeln Sie sich ruhig vor, die anderen können warten". Was auffällt: Die meisten Volle-Teller-Schubser sind sehr beleibete Menschen. Kluge Buffetgänger gehen strategischer vor, schreiten vor Beginn alles ab – wählen dann nur das wirklich Gute, was sie in aller Ruhe genießen. Fast alles schon weg? Wein ist meist genug da – und der senkt auch noch den Blutzucker, was schlank macht.

WER VERGISST, WIRD GLÜCKLICHER

15 Minuten „Tagesschau" – und die Welt ist schrecklich: brennende Häuser, weinende Kinder, flüchtende Alte. So viel Leid – und so viel Machtlosigkeit beim Betrachter, so viel nicht helfen, nicht eingreifen können. Das erzeugt Wut, die gerne in Frust umschlägt – und die schlägt häufig auf den Magen. Was tun? Nicht mehr hinschauen? Das ist auch keine Lösung. Besser ist es, sich gezielt zu informieren. Also statt auf die TV-Leute abzufahren, die nach schrecklichen Bildern gieren, lieber sich einmal am Tag über das Örtliche in der Heimatzeitung – und über das Allgemeine in der FAZ zu informieren. Große Zeitungen haben auch den Vorteil, dass sie das Geschehen einordnen, dass sie zeigen, wer die Verursacher vieler Krisen sind – etwa die USA mit ihrem Irak-Krieg, der den gesamten Nahen Osten in Brand gesetzt hat. Das macht das Geschehen zwar nicht besser, aber die Wut lässt sich besser fokussieren.

Grundsätzlich hilft, nicht alles zu nah an sich ranzulassen – und manchmal auch nach der doppelbödigen Operette „Fledermaus" von Johann Strauss zu leben, deren Motto lautet: „Glücklich ist, wer vergisst, was doch nicht zu ändern ist".

GESPEICHERTE PRÄVENTION: HEIMATKÜCHE

Weil ich mit der Heimatküche aufgewachsen bin, konnte ich nach meiner Diabetes-Diagnose den „Zucker" mühelos ohne Medikamente besiegen. Ein Weg für die vielen Millionen Typ-2-Diabetiker?

Heu, frisches Heu. Bis heute prägt mich der Duft. Immer habe ich im Sommer dem Opa in Schopfheim, wo ich geboren bin, beim Heuen geholfen, habe Gras gerecht, wieder verteilt, bis es so trocken war, dass wir es zusammen mit der Oma im großen von Hand gezogenen Leiterwagen vom steilen Berg heim transportieren konnten, damit die Geißen, die Ziegen, im Winter etwas zu fressen hatten.

„Ätti", was im Alemannischen Vater heißt, nannten alle den Opa – ein beliebter Mann, der sich als Totengräber eine bescheidene Existenz mit einem kleinen Häuschen aufgebaut hatte. Hier war ich immer gerne, spielte im Heu, trank Most von eigenen Äpfeln, ließ mir die Ziegenmilch schmecken, half der Oma beim Brot backen im Holzofen, war mit dem Opa in der „Bündi", dem kleinen Feld, wo wir Bohnen und Rettiche gepflanzt hatten, war beim Dreschen des Getreides dabei, lernte wilde Kräuter, heimische Pilze kennen. Kräftig anpacken musste ich, aber ich hatte Freude – und lernte im Rhythmus der Jahreszeiten zu essen, wusste von Kind auf, wie wirklich Erntefrisches schmeckt.

Auch mein Vater im nahen Lörrach hatte einen Garten, wo wir unser gesamtes Gemüse anbauten: Kartoffeln, Gelbe Rüben, Gurken, Busch- und Stangenbohnen, aber vor allem auch Salat – Kopf im Sommer, Endivie im Herbst und Nüssle, also Feldsalat, im Winter. Dazu eigene Kräuter, Peterle, also Petersilie, und Schnittlauch. Mit dem frischen Gemüse kochte meine Mutter ausgezeichnet.
Eier hatten wir, weil wir Hühner hielten, die mein Vater auch selbst schlachtete. Manchmal brachten befreundete Jäger ein Reh, einen Hasen, was meine Mutter fachlich zerlegte – und was dann abgezogen bei uns im Keller hing.

Bleiben mein liebstes Motiv: Blühende Bäume

Es war die Küche der Heimat, mit der ich aufwuchs. Ich dachte mir nichts dabei, für mich war es selbstverständlich, das zu essen, was bei uns wächst, was es genau in der jeweiligen Jahreszeit gibt. Wie wichtig diese Urerfahrung der heimischen Küche ist, merkte ich erst rund 30 Jahre später. Da war ich Anfang 50, hatte ein bewegtes Leben als Journalist und Medienmanager hinter mir. Hatte die guten Erfahrungen mit dem echten Essen vergessen und verdrängt, futterte viel Süßes, aß gerne spätabends, bewegte mich kaum, wurde immer dicker – aber das alles kümmerte mich nicht wirklich.

NEUES LEBEN? DAS ALTE!

Bis das böse Erwachen kam: die Diagnose „manifester Typ-2-Diabetes". Auf über zehn Prozent war der Langzeitzucker HbA1c hochgeschnellt, normal sind Werte unter sieben. Tabletten wurden mir verschrieben, aber sie interessierten mich nicht, ich wollte ein neues Leben beginnen – und habe es begonnen. Witzigerweise war das neue Leben das alte, war das Leben meiner Kindheit und Jugend.

Plötzlich aß ich wieder wie früher, viel Gemüse, viel Salat, bewegte mich wie einst, wo ich täglich mit meinem Rad unterwegs war, wo ich nie gesundheitliche Probleme hatte. Der Lohn: Schon nach wenigen Monaten hatte ich meinen „Zucker", den ich Lifestyle-Diabetes nenne, im Griff, brauche seit über zwölf Jahren keine Medikamente mehr, habe beste Blutwerte und das Gewicht stimmt auch.

Das Faszinierende: Bis auf die Überwindung, endlich das viel zu viel Süße wegzulassen, kostete mich das neue alte Leben keine wirkliche Anstrengung. Was wohl daher rührt, dass ich das Grundmuster der richtigen Lebensführung wie mit der Muttermilch aufgesogen habe, dass eine Art inneres Präventionsprogramm bei mir gespeichert ist. Es war tatsächlich so, dass ich nur einen Schalter umlegen musste – und schon wurde alles gut.

Warum ich das erzähle? Weil ich mich in den letzten Jahren so oft gewundert, ja geärgert habe, wenn mir Leute mit der Diagnose Typ-2-Diabetes erzählen, dass sie es einfach nicht schaffen, ihre Lebensgewohnheiten zu ändern. Ich hielt diese Menschen für willensschwach – bis mir jetzt langsam dämmert: Ich hatte ja einen riesigen Vorteil, weil ich in einem Elternhaus aufgewachsen bin, wo frisch gekocht wurde; wo ich gelernt habe, dass das Gesunde auch gut schmeckt.

Lehrt uns das etwas? Ja, platt gesprochen: Was Hänschen nicht lernt, lernt Hans nimmermehr. Es ist offensichtlich eminent wichtig, dass der Stoffwechsel in jungen Jahren so trainiert wird, eine lange Zeit optimal zu funktionieren – damit lassen sich dann auch spätere Schwächephasen, wie ich sie ja auch hatte, kompensieren. Also ist es unerlässlich, dass die Kinder Frisches kennen, dass sie kochen lernen. Deshalb brauchen wir endlich wieder Schulküchen, muss der Sportunterricht täglich werden. Das alles ist wichtiger als die viel beschworene „digitale Kompetenz". Erst wenn wir mehr „Heimat" in die Ernährung bekommen – erst dann können die Millionen Lebensstil-Diabetiker im großen Stil die Kurve zum fitten Leben kriegen.

WERTLOSE WIESE MIT WERTVOLLEN BÄUMEN

Was bleibt mir? Die große Wiese am steilen Berg über Schopfheim, wo ich beim Heuen war, habe ich behalten. Viel wert ist sie nicht, Bauland wird´s keins. Aber es stehen dort noch die über 100 Jahre alten Apfelbäume und ein Nussbaum. Im Herbst hole ich die Äpfel, sie schmecken unvergleichlich, und die ganz kleinen Nüsse vom alten Nussbaum liebe ich über alles.

Geblieben ist mir auch der Hut vom Ätti, den er nur zu besonderen Gelegenheiten trug, sein „Sonntagshut". Ich halte ihn in Ehren, wie auch das Angedenken an den Opa, der betagt gestorben ist, ohne einen Tag krank gewesen zu sein. Mein Vorbild.

Behütet allerorten: „Ättis" Sonntagshut

WIE EIN REZEPT EIN REZEPTFOTO WIRD

Set-Reportage

Jürgen Holz ist einer der renommiertesten Foodfotografen, der seit Jahrzehnten für große und kleine Firmen, für Zeitschriften sowie Verlage sensibel Lebensmittel inszeniert. Sein persönliches Credo ist die Schönheit der Produkte, und er wundert sich, wie gedankenlos viele das Überangebot in sich hineinstopfen, bis sie krank werden. Daraus entstehen fotografische Kunstobjekte, welche die Schönheit des Lebensmittels groß – und die Menschen dagegen ganz klein darstellen, etwa ein geniales Fischbild.
www.food-foto-koeln.de

Stephan Krauth lernte sein Kochhandwerk bei den legendären Gastronomen Franz (Senior, Junior) und Fritz Keller in Oberbergen und Köln. Seit Jahren ist er selbständiger Foodstylist und erschafft mit lustvoller Kreativität kulinarische Kunstwerke, welche Zeitschriften, Bücher, Verpackungen, aber auch die Prospekte spannender Kunden wie Miele zieren. Schön seine eigenen Bücher wie etwa „Kulinarische Mitbringsel" – kleine, feine Rezepte zum Selbstmachen.
www.foodstyling-krauth.de

Vier Tage intensiver Arbeit verbrachte ich mit diesen beiden Food-Werkern – und weiß seitdem: Essen zu fotografieren ist harte Arbeit, ein einziges Rezept kann schon auch mal mehrere Stunden dauern – und fast alles wird tatsächlich echt gekocht. Freude hat alles auch deshalb gemacht, weil dieses seit Jahren eingespielte Team eine animierende Atmosphäre kreiert.

Sitzt das Salzkorn?

Kennen und schätzen sich: Fotograf Jürgen Holz und Foodstylist Stephan Krauth

Großer Fisch, kleiner Mensch: Fotokunst

Erst ganz ...

... dann geschnitten: Niere

Schon geschnitten: Kalbfleisch ...

... und Champignons

Spaß an der Arbeit: Jürgen und Steffi, die schönen Schmuck fertigt

Alles scharf?

Bebutterte Brote, erst belegt ...

... dann mit Wasser bepinselt ...

Bestrichen ...

... gerollt ...

... und auf dem Monitor für gut befunden: Radieschenbrot

... gebraten: Roulade

REZEPT-INDEX

Alle Rezepte sind für 4 Genießer!

LESEN, WAS VITALISIERT

Lauber-Bücher im Kirchheim-Verlag

FIT WIE EIN DIABETIKER: DAS MOTIVATIONSBUCH

Mit Messen! Essen! Laufen! hat Hans Lauber seinen Lifestyle-(Typ-2-)Diabetes ohne Medikamente besiegt. Viele haben diesen Weg erfolgreich beschritten. Wer es wagen kann, beschreibt dieses Motivationsbuch.

SCHLEMMEN WIE EIN DIABETIKER: DAS REZEPTBUCH

100 genussstarke Lebensmittel, etwa Walnüsse, und 15 natürliche Zuckersenker, etwa Bockshornklee, sind die Basis für saisonale Rezepte. Sie zeigen, dass die Diagnose Diabetes nicht die Therapie Askese bedeuten muss.

MEIN DIABETES GARTEN: 50 NATÜRLICHE ZUCKER-BALANCIERER

Von Arnika bis Zimt reicht die Palette der faszinierenden Pflanzen, die auf natürliche Weise den Blutzucker balancieren. Der Ratgeber zeigt, wie die Heilpflanzen wirken, wie sie zu nutzen und anzubauen sind.

ZUCKER ZÄHMEN! DER MEDIZIN-CHECK

Das mit Ärzten verfasste Buch beschreibt erstmals alle Diabetes-Medikamente, einschließlich Insulin, mit Wirkungen und Nebenwirkungen. Ein Plädoyer, die Naturmedizin nicht aus den Augen zu verlieren.

SCHÖNKOST: SCHONKOST, DIE SCHMECKT

Sich schön genießen, sich schlank schlemmen – und dabei vital bleiben. Wie das funktioniert, beschreibt dieses Grundlagenwerk über Ernährung: Es zeigt, welche Lebensmittel wirklich Mittel zum Leben sind.

TDM TRADITIONELLE DEUTSCHE MEDIZIN: WURZELN UNSERER HEILKUNDE

Von Klostermedizin bis Homöopathie, von Hildegard von Bingen bis Sebastian Kneipp reicht die Bandbreite. Die „Hausapotheke“ zeigt 30 heimische Heilpflanzen, der „Heilkundeatlas“ 40 Heilpflanzengärten.

www.kirchheim-shop.de
www.lauber-methode.de